Traumatische Ereignisse bewältigen

Traumatische Ereignisse bewältigen

Hilfen für Verhaltenstherapeuten
und ihre Patienten

von

Anne Boos

unter Mitarbeit von Michael Nagel und Silvia Mader

GÖTTINGEN · BERN · WIEN · PARIS · OXFORD · PRAG
TORONTO · CAMBRIDGE, MA · AMSTERDAM · KOPENHAGEN

Dr. rer. nat. Anne Boos, geb. 1971. 1990-1997 Studium der Psychologie in Trier, Stirling (Schottland) und Oxford (England). 2002 Promotion. Seit 2000 Wissenschaftliche Mitarbeiterin und Psychologische Psychotherapeutin an der Institutsambulanz und Tagesklinik für Psychotherapie der TU Dresden. Tätigkeit im Bereich der Aus- und Weiterbildung von VerhaltenstherapeutInnen.

Wichtiger Hinweis: Der Verlag hat für die Wiedergabe aller in diesem Buch enthaltenen Informationen (Programme, Verfahren, Mengen, Dosierungen, Applikationen etc.) mit Autoren bzw. Herausgebern große Mühe darauf verwandt, diese Angaben genau entsprechend dem Wissensstand bei Fertigstellung des Werkes abzudrucken. Trotz sorgfältiger Manuskriptherstellung und Korrektur des Satzes können Fehler nicht ganz ausgeschlossen werden. Autoren bzw. Herausgeber und Verlag übernehmen infolgedessen keine Verantwortung und keine daraus folgende oder sonstige Haftung, die auf irgendeine Art aus der Benutzung der in dem Werk enthaltenen Informationen oder Teilen davon entsteht. Geschützte Warennamen (Warenzeichen) werden nicht besonders kenntlich gemacht. Aus dem Fehlen eines solchen Hinweises kann also nicht geschlossen werden, dass es sich um einen freien Warennamen handele.

Bibliografische Information der Deutschen Nationalbibliothek

Die Deutsche Nationalbibliothek verzeichnet diese Publikation in der Deutschen Nationalbibliografie; detaillierte bibliografische Daten sind im Internet über http://dnb.d-nb.de abrufbar.

© 2007 Hogrefe Verlag GmbH & Co. KG
Göttingen · Bern · Wien · Paris · Oxford · Prag
Toronto · Cambridge, MA · Amsterdam · Kopenhagen
Rohnsweg 25, 37085 Göttingen

http://www.hogrefe.de
Aktuelle Informationen · Weitere Titel zum Thema · Ergänzende Materialien

Das Werk einschließlich aller seiner Teile ist urheberrechtlich geschützt. Jede Verwertung außerhalb der engen Grenzen des Urheberrechtsgesetzes ist ohne Zustimmung des Verlages unzulässig und strafbar. Das gilt insbesondere für Vervielfältigungen, Übersetzungen, Mikroverfilmungen und die Einspeicherung und Verarbeitung in elektronischen Systemen.

Umschlagabbildung: © Bildagentur Mauritius, Mittenwald
Satz: Grafik-Design Fischer, Weimar
Gesamtherstellung: AZ Druck und Datentechnik GmbH, Kempten
Printed in Germany
Auf säurefreiem Papier gedruckt

ISBN 978-3-8017-2066-7

Für Jakob und sein Geschwister

Vorwort

In unserer klinischen Praxis machen wir immer wieder die Erfahrung, dass Patientinnen und Patienten, die unter einer PTB leiden, ein großes Bedürfnis haben, zu verstehen, was sie genau, warum haben. Sie möchten wissen, wie die Symptome genau heißen, wie sie entstehen und was man dagegen tun kann. Daher besteht der Ratgeber aus der Vermittlung von wichtigen Informationen zur Posttraumatischen Belastungsstörung (PTB) und deren Behandlung. Die im Buch enthaltenen Informationen sollen also die Verhaltenstherapie unterstützen. Wir erwarten durchaus, dass einige Leserinnen und Leser mit Hilfe des Buches sich selbst bei der Bewältigung ihrer PTB helfen können. Wir sind uns aber bewusst, dass alleine die Lektüre des Buches keine vollständige Heilung bringen kann. Daher möchten wir Sie bereits an dieser Stelle ermuntern, sich einen Therapeuten oder eine Therapeutin zu suchen und werden dies im Laufe des Buches auch immer wieder tun.

Die Folgen von Traumatisierungen beschäftigen nicht nur Psychotherapeutinnen. Vielfach werden Menschen als Opfer von Straftaten traumatisiert. In solchen Fällen kann es auch zu rechtlichen Auseinandersetzungen, wie einem Prozess gegen den mutmaßlichen Täter kommen. Eine wichtige Rolle übernehmen Sozialarbeiterinnen bei der Betreuung von Opfern, die sowohl seelisch belastet sind, als auch entweder die Trennung vom Täter noch vor sich haben, oder zusätzlich durch ein Strafverfahren belastet sind. Kapitel 12 wurde daher von der Sozialarbeiterin Silvia Mader geschrieben. Sie arbeitet seit vielen Jahren in der Opferhilfe. Dort betreut sie Opfer von Gewalttaten und berät sie in vielen wichtigen Belangen. Ihr Kapitel stellt verschiedene Arbeitsbereiche der Opferhilfe Dresden vor und beschreibt die Zusammenarbeit mit anderen „Helfern" wie Psychotherapeutinnen und Angehörige von Justiz und Polizei. Dr. Michael Nagel beschreibt in Kapitel 13 aus der Perspektive eines Rechtsanwaltes die einzelnen Schritte, die auf Opfer von Sexualstraftaten nach erstatteter Anzeige im deutschen Rechtssystem zukommen. Im Anhang des Buches findet sich eine Auswahl hilfreicher Adressen aus den Bereichen Opferhilfe, Beratung, Rechtsschutz und Psychotherapie.

Sprachregelung:
Wir haben weitgehend darauf verzichtet, durchgehend gleichzeitig von Patienten *und* Patientinnen zu sprechen. Während das Kapitel von Frau Mader durchgängig die weibliche Form wählt, wird in den Kapiteln 1 bis 11 sowie

14 zwischen der weiblichen und der männlichen Form gewechselt. So weit es sich nicht eindeutig um Einzelpersonen handelt, ist das andere Geschlecht jeweils mit gemeint.

Dresden, im Januar 2007 Anne Boos

Inhalt

1	Was möchte dieser Ratgeber erreichen?	13
1.1	Liebe Kolleginnen und Kollegen!	13
1.2	Liebe Patientinnen und Patienten!	13
2	Was ist ein Trauma?	16
3	Was ist eine Posttraumatische Belastungsstörung?	18
3.1	Spontane Erholung von posttraumatischen Symptomen	21
3.2	Die eigenen Symptome verstehen	21
3.3	Finden Sie heraus, ob Sie an einer Posttraumatischen Belastungsstörung leiden	24
3.3.1	Mögliche Denkfehler, die mit der Posttraumatischen Belastungsstörung einhergehen können	24
3.3.2	Auseinandersetzung mit den Folgen des Traumas: Ja oder Nein?	27
3.4	Was ist eine akute Belastungsstörung oder akute Belastungsreaktion?	28
3.5	Andere mögliche psychische Störungen nach einer Traumatisierung	30
4	Traumagedächtnis: Die Zeit heilt nicht alle Wunden!	33
4.1	Das Traumagedächtnis erfüllt eine Warnfunktion	34
4.1.1	Welche Nachteile entstehen aus dieser Warnfunktion?	35
4.1.2	Den Vergangenheitscharakter des Traumas stärken	36
4.1.3	Heute ist es anders	37
4.1.4	Überzeugen Sie sich davon, dass es heute anders ist!	37
4.2	Auslöser: Das Traumagedächtnis hat es leicht, Sie zu warnen!	38
4.2.1	Welche Nachteile entstehen durch die Auslöserabhängigkeit des Traumagedächtnisses?	40
4.2.2	Was ist zu tun? Die Guten ins Töpfchen, die Schlechten ins Kröpfchen	40
4.2.3	Helfen Sie Ihrem Traumagedächtnis: Sprechen Sie mit ihm!	41
5	Was ist Angst?	42
5.1	Wann wird Angst zum Problem?	44
5.2	Wieso geht die Angst nicht mehr weg und wie wird sie verarbeitet?	45

5.3	Verarbeitung durch Konfrontation	48
5.4	Wege aus der Angst	50
6	**Lösungsversuche: Sicherheitsstrategien und Vermeidungsverhalten**	**52**
6.1	Welche Nachteile haben das Sicherheitsverhalten und bestimmte Denkstrategien?	53
6.2	Wie kann das Vermeidungsverhalten verändert werden?	57
6.3	Geben Sie sich die Chance, neue Erfahrungen zu machen	58
7	**Wie entstehen Gefühle? Das ABC-Modell des Denkens, Fühlens und Handelns**	**62**
8	**Bewertungen des Traumas und seiner Folgen**	**66**
8.1	Warum sind die Gefühle nach einem Trauma so stark?	68
8.2	Der Kopf ist rund, damit das Denken die Richtung ändern kann	72
8.3	Die eigenen Bewertungen erkennen und verändern lernen	73
9	**Was sind Schuldgefühle?**	**74**
9.1	Schuldgedanken	76
9.1.1	Denkfalle: „Im Nachinein ist man immer schlauer" – oder: angebliche Vorhersehbarkeit	77
9.1.2	Denkfalle: Fehlende Rechtfertigung für das eigene Handeln, Denken und Fühlen	78
9.1.3	Denkfalle: Angebliches Fehlverhalten bzw. Verstoß gegen Wertvorstellungen	80
9.1.4	Schuldgefühle nach Traumatisierungen in der Kindheit	82
9.1.5	Ausgeprägte Schuldgefühle: ein ausführliches Fallbeispiel	85
9.2	Wege aus der Schuldfalle	87
10	**Was sind Schamgefühle**	**89**
10.1	Krank machende Schamgefühle	90
10.2	Gerechtfertigte und ungerechtfertigte Schamgefühle	90
10.3	Soll ich doch lieber den Mund halten?	92
10.4	Mythen im Zusammenhang mit Traumatisierungen	93
10.5	Wege aus der Scham I: Das Verhalten ändern	96
10.6	Wege aus der Scham II: Das Denken ändern	98
11	**Sicherheit geht vor!**	**99**

12	**Gehen und Bleiben – Betroffene häuslicher Gewalt aus Sicht der Opferhilfe (Silvia Mader)**	100
12.1	Entstehung des Arbeitsfeldes Opferhilfe	100
12.2	Kurzprofil einer Opferberatungsstelle am Beispiel der Opferhilfe Sachsen e. V.	101
12.3	Die Betroffenen häuslicher Gewalt	103
12.4	Interventionen durch die Beratungsstelle der Opferhilfe Sachsen e. V.	104
12.5	Interdisziplinäre Kooperation in der Opferhilfe aus dem Blickwinkel der Sozialen Arbeit	106
13	**Sexualstraftaten: Was kommt auf ein Opfer nach erfolgter Anzeige bis zum Abschluss des Strafverfahrens zu? (Michael Nagel)**	108
13.1	Die Gesetzeslage	109
13.2	Die rechtlichen Folgen einer Strafanzeige im Einzelnen	116
13.2.1	Die Einleitung eines Ermittlungsverfahrens und deren Folgen	116
13.2.2	Was passiert nach Abschluss der Ermittlungen?	120
13.2.3	Rechtsbeistand – oder: Folgen der Nebenklage	126
13.2.4	Das Opfer als Zeuge/Zeugin	128
13.2.5	Probleme im Zusammenhang mit der Videovernehmung	131
13.3	Möglichkeiten eines „gerechten Tatausgleichs"	133
13.3.1	Staatliche Sanktionen – die Stellung des Opfers?	133
13.3.2	Der Täter-Opfer-Ausgleich?	135
13.3.3	Das Adhäsionsverfahren – Schadensersatz und Schmerzensgeld?	136
13.4	Begleitumstände am Rande des Strafverfahrens – tatsächliche Folgen der Strafanzeige?	137
14	**Wegweiser: Wie finde ich die richtige Therapieform für mich?**	139
14.1	Traumazentrierter Ansatz: Verhaltenstherapie	139
14.2	Traumazentrierter Ansatz: Eye Movement Desensitization and Reprocessing (EMDR)	140
14.3	Traumazentrierter Ansatz: Die Behandlung mit Psychopharmaka	140
14.4	Unspezifische Therapien	143
14.5	Wissenswertes über traumazentrierte Psychotherapie	143
14.6	Wissenswertes über Psychotherapie allgemein	144

14.7	Formale Aspekte von Psychotherapie in Deutschland	145
14.8	Welche Hilfe möchten Sie?	146

Anhang
Literatur 147
Adressen 149
Arbeitsblätter 153

1 Was möchte dieser Ratgeber erreichen?

1.1 Liebe Kolleginnen und Kollegen!

Das empirische Störungs- und Behandlungswissen über die PTB ist in den letzten Jahren sprunghaft angestiegen. Daher sind wir als Verhaltenstherapeuten besser als je in der Lage unseren Patienten und Patientinnen bei der Behandlung dieser Störung zu helfen. Das vorliegende Buch möchte Materialien zur Verfügung stellen mit deren Hilfe Ihre durchgeführten Verhaltenstherapien unterstützt, strukturiert bzw. begleitet werden können. Das Buch spricht Betroffene direkt an. Es ist aber *nicht* dazu angelegt, eine Verhaltenstherapie zu ersetzen. Warum nicht? Weil wir aus einer Reihe von Untersuchungen wissen, dass eine reine Anleitung zur Selbsthilfe (Ehlers et al., 2003; Turpin et al., 2006) bzw. Psychoedukation allein (Neuner et al., 2005) *keine* wirksame Behandlungsmöglichkeit der PTB darstellen. Im Gegenteil: Betroffene, die sich in den ersten Monaten nach einem Trauma mit Hilfe von Selbsthilfe behandeln wollen, haben später u. U. einen höheren Therapiebedarf und zeigen ein niedrigeres Funktionsniveau als Betroffene, die zunächst überhaupt nicht behandelt wurden (Ehlers et al., 2003). Eine Therapie zunächst nur auf Psychoedukation zu beschränken, kann ebenfalls zu Verschlechterungen führen (Neuner et al., 2005).

> **Also:**
>
> Bitte setzen Sie dieses Buch nicht dazu ein, Patientinnen „nur" Informationen über ihre Leiden zu vermitteln, sondern geben Sie ihnen die Chance die Spätfolgen auch zu verarbeiten. Verhaltenstherapeutische Manuale zur PTB liegen im deutschsprachigen Raum dazu vor (z. B. Boos, 2005; Ehlers, 1999). Die in diesem Ratgeber vorgeschlagenen Übungen ersetzen nicht die Traumakonfrontation!

1.2 Liebe Patientinnen und Patienten!

Das therapeutische Wissen über die PTB ist in den letzten Jahren stark gewachsen. Viele Psychotherapeuten haben gute Kenntnisse über die Therapie der PTB erworben. Dieses Buch möchte Ihnen Informationen über die PTB und deren Behandlung zur Verfügung stellen. Der Ratgeber konzentriert sich zunächst auf Wissensvermittlung über die PTB. Er möchte die Leser und Leserinnen also über die PTB schulen und sie in die Lage versetzen, Zusammenhänge zu finden zwischen den vielleicht verwirrenden und ängstigenden Symptomen. Zudem sollen Sie darüber informiert werden, wie die Symptome verhaltenstherapeutisch behandelt werden.

Im zweiten Schritt macht dieser Ratgeber Vorschläge, wie Sie bestimmte Symptome der PTB im Rahmen der Verhaltenstherapie bewältigen können. Das Buch ist nicht dazu angelegt, Sie anzuleiten Ihre posttraumatischen Symptome Belastungen nur *allein* mit diesem Buch zu bewältigen. Wir wissen, dass Selbsthilfe in der Regel keine ausreichende Möglichkeit der Behandlung einer PTB darstellt. Zwar kann dies manchen Lesern und Leserinnen gelingen. Für andere dürfte dies jedoch eine große Herausforderung darstellen. Selbsthilfe sollte also keine geeignete Psychotherapie ersetzen und kann diese auch nicht ersetzen. Halten Sie sich daher bitte Folgendes vor Augen:

- Es verlangt niemand von Ihnen, dass Sie Ihre PTB aus eigener Kraft alleine bewältigen müssen.
- Setzen Sie sich bitte nicht unter Druck: Erwarten Sie keine Wunder von sich. Wir tun es auch nicht.
- Manche Komplikationen können nur mit Hilfe einer Expertin oder eines Experten geklärt werden. Entscheiden Sie, ob Sie eine oder einen aufsuchen möchten.
- Wenn die Informationen, die wir für Sie zusammengetragen haben, Sie ermutigen über geeignete nächste Schritte für sich nachzudenken, dann ist dies bereits ein schönes Ergebnis mit dem Sie zufrieden sein können. Wir sind es auch.

Der Ratgeber konzentriert sich auf die PTB. Dies bedeutet auch, dass dieses Buch keine ausführlichen Informationen über andere psychische Störungen, wie zum Beispiel Depressionen enthält, die durchaus auch nach einer Traumatisierung auftreten können. Im Anhang finden Sie einige Literaturempfehlungen (ab S. 149) zu anderen psychischen Störungen.

Wichtig:

Rühren Sie dieses Selbsthilfebuch nicht an, wenn Sie aktuell unter folgenden Problemen leiden:
- Sie haben kürzlich, zum Beispiel im letzten halben Jahr, einen Selbstmordversuch unternommen.
- Sie denken in letzter Zeit über Selbstmord nach.
- Sie verletzen sich selbst, indem Sie sich schneiden, brennen, würgen etc.
- Sie konsumieren illegale Drogen.

- Sie konsumieren Medikamente, die nicht verschrieben wurden, oder solche, die verschrieben wurden, über das erforderliche Maß hinaus. Damit sind v. a. verschreibungspflichtige Beruhigungs- und Schmerzmittel gemeint.
- Sie neigen dazu, Dinge zu tun, die sehr gefährlich sind.
- Sie sind im Moment oder waren in der Vergangenheit wegen einer psychotischen Erkrankung in Behandlung.

Wenn einer oder mehrere der beschriebenen Punkte auf Sie zutreffen, dann sollten Sie ernsthaft überlegen, sich in psychiatrische oder psychotherapeutische Behandlung zu begeben. Was Sie im Moment nicht brauchen, ist unsere Hilfe durch das Buch. Vielleicht wird es in der Zukunft noch einmal wichtig für Sie. *Jetzt aber Finger weg!*

2 Was ist ein Trauma?

Ein Trauma zu erleiden gehört leider häufig zu den schmerzlichen Erfahrungen im Laufe des Lebens. Weltweit leiden viele Menschen unter den seelischen Folgen von Traumatisierungen. Die psychischen Folgen einer Traumatisierung wurden in den letzten Jahrzehnten gut untersucht. Dazu gehört, dass Wissenschaftler in der Lage sind, genau zu beschreiben welche Ereignisse als Trauma erlebt werden können. Der Begriff Trauma bedeutet im Deutschen „Verletzung der Seele" und kommt aus dem Griechischen. Er wurde von dem Begriff traũma (traúmatos), was soviel wie Wunde oder Verletzung heißt, abgeleitet. Im Bereich der Medizin kennt man ebenfalls den Begriff des Traumas. Dort bezieht er sich auf körperliche Verletzungen, wie zum Beispiel einem Schädel-Hirn-Trauma. Im Laufe der Jahrhunderte von der Antike bis heute wurden immer wieder seelische Verletzungen und ihre Folgen in der Literatur wie in der Wissenschaft beschrieben. Diese Zeugnisse sind sich oftmals in der Beschreibung des Leidens der Betroffenen recht ähnlich. Trotzdem hat es bis in die Mitte des 20. Jahrhundert gedauert, bis eine umfassende Erforschung von seelischen Verletzungen einsetzte. Leider waren es immer wieder die Schrecken von Kriegen, die Wissenschaftler, Psychologen und Medizinerinnen dazu anregte, sich näher mit den seelischen Folgen für Opfer militärischer wie ziviler Katastrophen zu beschäftigen. Zu Beginn der 80er Jahre des vorigen Jahrhunderts einigten sich Experten und Expertinnen dann auf den Begriff der „Posttraumatischen Belastungsstörung (PTB)", um die möglichen und typischen Folgen einer Traumatisierung allgemeingültig für alle Traumatisierten zu beschreiben. Ein Klassifikationssystem, das Psychotherapeuten benutzen, um psychische Störungen zu beschreiben, umschreibt ein Trauma als ein

> „belastendes Ereignis oder eine Situation außergewöhnlicher Bedrohung oder katastrophenartigen Ausmaßes (kurz- oder lang anhaltend), die bei fast jedem eine tiefe Verzweiflung hervorrufen würde. Hierzu gehören eine durch Naturereignisse oder durch Menschen verursachte Katastrophe, ein schwerer Unfall oder Zeuge des gewaltsamen Todes anderer oder selbst Opfer von Folterung, Terrorismus, Vergewaltigung oder anderer Verbrechen zu sein."

Innerhalb helfender Berufe wird der Begriff des Traumas also enger gefasst als es manchmal umgangssprachlich der Fall ist. Eine Ehescheidung oder der Verlust des Arbeitsplatzes wird von manchen als traumatisch bezeichnet. In den Augen helfender Berufe wird dies anders gesehen, da solche Ereignisse zwar belastend sein können, aber weder eine „außergewöhnliche Bedrohung, noch eine Situation katastrophenartigen Ausmaßes" oder eine „Bedrohung der körperlichen Unversehrtheit" (so lautet eine andere gängige Umschreibung eines Traumas) darstellen. Zudem führen solche als kritische Lebensereignisse beschriebenen Erfahrungen nicht zu den charakteristischen, noch zu beschreibenden Symptomen einer PTB. Auch ein Trauma im Sinne der eng gefassten Umschreibung führt *nicht* notwendigerweise in allen Fällen zu einer PTB. Folgende Aussage ist also wichtig:

Trauma ≠ Posttraumatische Belastungsstörung

3 Was ist eine Posttraumatische Belastungsstörung?

Eine PTB ist eine psychische Störung von längerer Dauer, die in Folge einer erlittenen Traumatisierung entstehen kann. Sie zeichnet sich durch eine Reihe typischer Symptome aus, die in drei Symptomgruppen unterteilt werden (eine genaue Beschreibung der PTB nach einem international üblichen Klassifikationssystem finden Sie im Anhang auf S. 153):

1. *Schmerzliche Wiedererinnerungen an Teile des Traumas.*
Menschen, die unter einer PTB leiden, berichten von Bildern, Filmen, Schnappschüssen oder Albträumen in denen sie Teile des Traumas wiedererleben. Diese so genannten intrusiven, d. h. sich ungewollt aufdrängenden (bildlichen) Wiedererinnerungen sind in der Regel von schmerzlichen Gefühlen, wie v. a. Angst, Hilflosigkeit und Entsetzen, aber auch Scham, Ekel oder Ärger begleitet.

Beispiele:

Frau D. sieht immer wieder die Hände des Mannes vor sich, der sie in der Kindheit missbrauchte. Vor Herrn E.'s innerem Auge spult sich der erlebte Unfall wie ein Film ab. Er bekommt dann Angst und „hört" die Geräusche sich zusammen schiebenden Bleches und quietschender Reifen. Frau F. wird fast jede Nacht von einem Albtraum gequält, aus dem sie mit starker Angst erwacht. Danach ist sie nicht mehr in der Lage, einzuschlafen, sondern läuft unruhig durch die Wohnung. Dies führt im Laufe der Zeit zu einer starken Erschöpfung. Herr G. schreckt zusammen, wenn er den Geruch verbrannten Gummis riecht oder Rauchwolken sieht. Dies erinnert ihn an den Unfall in seinem Betrieb, der sein Leben geändert hat.

Leider können die schmerzlichen Wiedererinnerungen so stark sein, dass die Betroffenen so sehr in die Vergangenheit hineingezogen werden, dass sie den Eindruck haben, das Trauma würde gerade jetzt wieder passieren. Der Kontakt zum Hier und Jetzt geht dabei verloren, was dazu führen kann, dass die Betroffenen sich auch so verhalten, als würde das Trauma wieder passieren. Das heißt sie werden ganz starr, versuchen zu fliehen oder zu schreien. Diese starken Wiedererinnerungen werden als „Flashbacks" bezeichnet. Sie sind zum Glück aber seltener als die zuerst beschriebenen Wiedererinnerungen.

> **Merke:**
> Wenn Sie unter einer PTB leiden, heißt dies: Sie sind nicht verrückt, sondern Sie reagieren auf psychische Belastungen, was viele andere Menschen, die Ähnliches erlebt haben, auch tun würden.

2. *Vermeidung von Erinnerungen an das Trauma:*
Traumatisierte mit einer PTB versuchen verzweifelt, den Erinnerungen an das Trauma aus dem Weg zu gehen. Da sie es in der Regel als zu schmerzlich erleben, darüber zu reden oder sich auf eine andere Art und Weise damit auseinanderzusetzen. Dies führt dazu, dass bestimmte Personen, Aktivitäten oder Situationen vermieden werden, die irgendwie etwas mit dem Trauma zu tun haben. Dies kann der Tatort sein, aber auch viele andere Orte oder Menschen, die seit dem Trauma nicht mehr als vertrauenswürdig erlebt werden. Es kann auch zu einem starken sozialen Rückzug und einer gefühlsmäßigen Abstumpfung kommen. Manche Betroffene brechen wichtige Beziehungen ab oder fühlen sich bisher als wichtig erlebten Gruppen oder Personen gegenüber nicht mehr verbunden.

> **Beispiele:**
> Frau D. findet es schwierig, entspannt mit älteren Männern umzugehen und geht ihnen aus dem Weg. Herr E. fährt nur ungern Auto. Am Unfallort fährt er nicht mehr vorbei. Wenn er im Auto sitzt, ist er jetzt sehr wachsam und bemüht, alles im Griff zu haben, damit kein Unfall mehr passiert. Frau F. zieht sich sehr zurück und hat nur wenige, ausschließlich weibliche Bekannte. Sie versucht mit aller Kraft, die Bilder und den Albtraum aus ihrem Kopf zu drängen, was ihr nicht gelingt. Herr G. hat sich in den Innendienst versetzen lassen, um den Erinnerungen an den Betriebsunfall aus dem Weg zu gehen. Aufkommende schmerzliche Gefühle versucht er mit Ablenkung und viel Arbeit zu unterdrücken. Er redet kaum noch mit seinen Arbeitskollegen und zog sich aus geliebten Aktivitäten in mehreren Sportvereinen zurück.

3. *Körperliche Übererregung*
Viele Betroffene sind von einer ständigen inneren Unruhe geplagt, die das Konzentrationsvermögen einschränkt und sehr anstrengend sein kann. Andere sind fast immer ängstlich und angespannt. Wut und Reizbarkeit können den Umgang mit sich und anderen Menschen erschweren. Oft ist

der Schlaf so gestört, dass es kaum noch erholsame Nächte gibt. Viele reagieren in extremer Form auf die kleinsten Geräusche oder Unsicherheiten.

Beispiele:

Frau F.'s häufige Albträume jagen sie förmlich aus ihrem Bett. Dadurch schläft sie kaum und wenn, dann nur unruhig. Während der Arbeit fällt es ihr sehr schwer, bei der Sache zu bleiben. Eine massive Erschöpfung ist die Folge. Herr E. fängt an zu zittern und ist sehr von Angst gepackt, sobald er nur ansatzweise über seinen Unfall spricht. Herr G. hat sich aus den Sportvereinen zurückgezogen, da er begann, sich wegen Kleinigkeiten zu streiten. Manchmal wurde er seiner Wut kaum noch Herr.

Während viele der beschriebenen Reaktionen direkt im Anschluss an das Trauma sehr wahrscheinlich und sehr verbreitet sind, bilden sie sich oft im Laufe der ersten Wochen oder Monate nach dem Trauma wieder zurück. Wenn die Symptome nicht nachlassen, löst dies bei den Betroffenen oft ungünstige Bewertungen aus, die die Belastungen weiter erhöhen können. Manche beginnen an sich zu zweifeln, haben Angst vor der Zukunft oder meinen, langsam, aber sicher verrückt zu werden. Möglicherweise sind sie auch hohen Erwartungen aus ihrem Umfeld ausgesetzt. Es erwartet „das endlich" alles wird, wie früher. Wichtig ist für Sie zu verstehen, dass Ihre Reaktionen auf das Trauma eine verständliche und normale Reaktion auf das Erlebte darstellen und bedeuten, dass Sie belastet sind. Vielleicht erkennen Sie nicht alle Symptome wieder, andere jedoch erleben Sie vielleicht häufig. Ein ausführliches Gespräch mit einem Fachmann oder einer Fachfrau über die Häufigkeit der Symptome, deren bisherige Dauer und Ihre Beeinträchtigung durch die Symptome kann Ihnen Klarheit darüber verschaffen, ob Sie therapeutische Hilfe benötigen.

Wichtig:

Wenn Sie unter Symptomen der PTB leiden, dann reagiert Ihr Körper auf eine Situation außergewöhnlicher Belastung. Ihrem Körper gelingt es nicht mehr, von der höchsten Alarmstufe auf ein Alltagsniveau herunterzuschalten.

3.1 Spontane Erholung von posttraumatischen Symptomen

Es ist für die Mehrheit der Betroffenen möglich, dass die *posttraumatischen Symptome* in einem natürlichen, von Therapeuten unbeeinflussten Prozess zurückgehen bzw. ganz verschwinden. Diese so genannte Spontanremission findet v. a. in den ersten Wochen und Monaten nach einer Traumatisierung statt. Man geht davon aus, dass ungefähr sechs bis neun Monate nach dem Trauma dieser spontane Rückgang beendet ist und die (noch) bestehenden Symptome sich nicht mehr ohne therapeutische Hilfe weiter verringern. *Verzögerter Beginn:* Bei einer Minderheit der Traumatisierten beginnen die Symptome der PTB erst nach einer störungsfreien Zeit von Wochen oder Monaten.

3.2 Die eigenen Symptome verstehen

Verhaltenstherapeutische Modelle versuchen, die Frage zu beantworten, wie die Symptome einer bestimmten Störung abgebaut werden können. Das heißt, die mit dieser Frage beschäftigten Wissenschaftlerinnen und Wissenschaftler versuchen zu verstehen, in welchem Teufelskreis die Betroffenen stecken, der es schwermacht, die Störung wieder loszuwerden. Kennt man den Teufelskreis, kann man in einem zweiten Schritt Methoden der Verhaltenstherapie entwickeln, diesen Teufelskreis zu durchbrechen.

Wie sieht nun der Teufelskreis bei einer PTB aus?

Zum einen sind die schmerzlichen Erinnerungen an die Traumatisierung in einem so genannten Traumagedächtnis abgespeichert. Es werden also immer wieder schmerzliche Erinnerungen erlebt, die die Betroffenen nicht im Griff haben. Diese können starke Gefühle und Anzeichen einer körperlichen Übererregung auslösen. Solche Symptome können die Wahrnehmung entstehen lassen, dass Trauma sei noch nicht vorbei oder eine andere Katastrophe drohe. Um den Symptomen zu entgehen, gewöhnen die Betroffenen sich verschiedene Verhaltensweisen und gedankliche Strategien an, mit denen die Symptome unterdrückt werden.

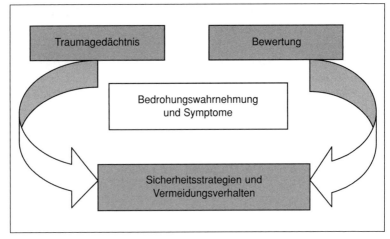

Abbildung 1: Der Teufelskreis der Posttraumatischen Belastungsstörung

Was verändert sich nicht mehr?

Bei Menschen, die in diesem Teufelskreis stecken, gehen die Symptome der PTB nicht mehr zurück. Sie erlangen weder die Kontrolle über die schmerzlichen Wiedererinnerungen (Traumagedächtnis), noch können sie sich davon überzeugen, dass bestimmte Befürchtungen (Bewertungen) nicht eintreten. Zudem können sie bestimmte Situationen, Personen und Aktivitäten nicht mehr aufsuchen (Vermeidung). Ihr Körper kommt nicht mehr von der höchsten Alarmstufe herunter (körperliche Übererregung). Lassen Sie uns diesen Teufelskreis am Beispiel von Herrn A. nachvollziehen.

Beispiele:

Herr A. war in einer Bank beschäftigt. Vor etlichen Jahren wurde er Zeuge eines gewaltsamen Banküberfalles. Nach einer kurzen Zeit des Versuches des Wiedereinstieges in den Beruf, musste Herr A. seinen Beruf aufgeben, da er mit den Symptomen der PTB nicht mehr klar kam:

Schmerzliche Wiedererinnerungen und körperliche Übererregung: Herr A. geht der Banküberfall nicht mehr aus dem Kopf. Täglich „sieht" er vor seinem geistigen Auge bestimmte Momente des Überfalls. Er kann sich gegen diese Bilder nicht wehren, sie überfallen ihn einfach. Zugleich packt ihn starke Angst, er beginnt unruhig zu werden, schwitzt und die Beine zittern. Herr A. leidet unter den Bildern und der Angst. Am schlimmsten erlebt er aber seine Befürchtung, ein Überfall könne ihm jederzeit wieder passieren.

Vermeidungs- und Sicherheitsverhalten: Herr A. möchte am liebsten nicht mehr an den Überfall erinnert werden. Daher drängt er mit aller Macht aufkommende Bilder und Gefühle zurück. Dies gelingt aber mehr schlecht als recht. Er ist seither auch nicht mehr dauerhaft an seinen Arbeitsplatz zurückgekehrt. Zwar hat er kurz nach dem Überfall wieder gearbeitet. Nach wenigen Wochen war er aber so am Boden zerstört, dass er sich krankschreiben ließ. Er war damals zu sehr von den Symptomen beeinträchtigt. Heute hat er zu große Angst, er könne dort wieder überfallen werden als dass er sich wieder vorstellen könnte, wieder in der Bank zu arbeiten. Zudem befürchtet er, dass er dort mit den Wiedererinnerungen und den anderen Symptomen nicht fertig werden könnte.

Therapeutische Einschätzung der Symptome: Man kann gut nachvollziehen, dass Herr A. sehr leidet. Es ist sehr belastend, häufig von schmerzlichen Wiedererinnerungen heimgesucht zu werden. Er entwickelt daher, wie die meisten Betroffenen, Strategien, die Symptome wieder loszuwerden. Nun übt er dieses Verhalten in der Hoffnung aus, die Symptome gingen zurück und er würde nicht mehr unter dem Trauma leiden. Leider schließt sich aber mit diesem Vermeidungsverhalten der Teufelskreis. Herr A. steckt fest. Sein Vermeidungsverhalten reduziert die Symptome nur *kurzfristig*. Eine dauerhafte Verarbeitung des Traumas und seiner Konsequenzen wird dadurch *nicht* erreicht.

Anliegen des Ratgebers: Der Ratgeber widmet sich den verschiedenen Teilen des Teufelskreises und zeigt wie der Teufelskreis an verschiedenen Stellen durchbrochen werden kann. Das heißt Sie werden den hier nur kurz beschriebenen Symptomen der PTB im Laufe des Ratgebers immer wieder begegnen. Es erwartet aber niemand, dass Sie sich diesen Übungen stellen, wenn es Ihnen zu belastend erscheint. Um es noch einmal zu betonen: wir halten es für sinnvoller, wenn Sie sich den folgenden Übungen im Rahmen einer Verhaltenstherapie, also nicht alleine stellen.

> **Wichtig:**
> Es lag nicht in Ihrer Hand, sich für oder gegen die Entstehung einer PTB zu entscheiden. Sie sind nicht für diese und alle anderen möglicherweise mit der Traumatisierung in Zusammenhang stehenden psychischen Störungen verantwortlich. Es ist kein Zeichen von Schwäche an einer PTB zu leiden. Die Störung deutet daraufhin, dass Sie etwas erlebt haben, was Sie bisher nur schwer verkraftet haben. Diese Erfahrung teilen Sie mit vielen anderen Menschen. Sehr wohl liegt es in Ihrer Hand, an der Bewältigung des Traumas zu arbeiten.

3.3 Finden Sie heraus, ob Sie an einer Posttraumatischen Belastungsstörung leiden

Auf Seite 155 bis 157 im Anhang finden Sie eine Checkliste mit der Sie abschätzen können, ob Sie derzeit unter einer PTB leiden. Neben der Häufigkeit von Symptomen ist es zudem wichtig, ob Sie durch die Symptome belastet sind. Es kann durchaus sein, dass Sie zwar einige Symptome zeigen, aber sich die erlebte Belastung in Grenzen hält. Dann gilt es zu überlegen, ob die Symptome behandlungsbedürftig sind oder nicht.

> **Wichtig:**
> Verlangen Sie von sich keine Auseinandersetzung mit dem Trauma, wenn es Ihnen im Moment als zu schwierig erscheint.

3.3.1 Mögliche Denkfehler, die mit der Posttraumatischen Belastungsstörung einhergehen können

Vielleicht leiden Sie unter einer PTB. Seelische Belastungen beeinträchtigen das Denken. Die mit einer PTB einhergehenden Belastungen tragen dazu bei, dass Sie das eine oder andere sehr schwarzsehen mögen. Daher möchten wir Ihnen im Kasten 1 häufige, ungünstige Aussagen von Traumatisierten vorstellen und diesen eine ausgewogene Erklärung gegenüberstellen, die Denkfehler vermeidet.

Kasten 1: Mögliche Denkfehler

> **Denkfehler: Überschätzung des Risikos einer erneuten Traumatisierung**
>
> Viele Patientinnen berichten uns, dass sie befürchten, es könnte wieder ein Trauma passieren. Diese Befürchtung ist ein Ausdruck ihres Leidens an den Spätfolgen des Traumas. Nach einer erlittenen Traumatisierung steigt die Verunsicherung über die Sicherheit in der eigenen Welt. Dies ist verständlich. Ein Trauma ist jedoch ein Ereignis mit einer geringen Wahrscheinlichkeit. Die Wahrscheinlichkeit, dass so ein Ereignis wieder auftritt ist *nicht* erhöht, nur weil Sie es schon einmal erlebt haben.

> **Negative Bewertung der emotionalen Taubheit oder anderer dissoziativer Symptome**
>
> Emotionale Taubheit und andere dissoziative Symptome sind ein Schutzmechanismus, der wahrscheinlich schon während des Traumas auftrat. Diese Symptome treten unter Extremstress auf und sollen den Menschen vor der gesamten Wucht schrecklicher Gefühle oder Schmerzen schützen. Die Symptome der emotionalen Taubheit bedeuten nicht, dass Sie „gefühllos" oder „gefühlskalt" sind.

> **Fehlerhafte Einschätzung des eigenen seelischen und körperlichen Zustandes während der Traumatisierung**
>
> Manche Traumatisierte berichten, sie hätten damals etwas getan oder gesagt, was ihnen im Nachhinein unverständlich oder verstörend vorkommt. Ein Trauma ist eine Situation außergewöhnlicher Belastung. Unter hoher Belastung reagieren Menschen anders als im Alltag. Starke gefühlsmäßige oder sexuelle Reaktionen stehen nicht unter ihrer willentlichen Kontrolle. Sie sind nur sehr bedingt für diese Reaktionen verantwortlich. Es ist daher *unvernünftig*, sich dieser Reaktionen wegen zu schämen oder sich Vorwürfe zu machen.

> **Ungünstige Bewertung starker Gefühle**
>
> Viele unserer Patienten haben Angst vor ihren Gefühlen und vermeiden diese. So hören wir oft, „ich werde von meinen Gefühlen überwältigt, sobald ich sie zulasse". Es stimmt durchaus, dass Gefühle sehr stark sein können und als beeinträchtigend erlebt werden. Es stimmt allerdings nicht, dass starke Gefühle dazu führen, verrückt zu werden. Gefühle werden verarbeitet, indem man sich mit ihnen auseinandersetzt.

Ungünstige Bewertungen der Symptome einer PTB

Manche unserer Patienten sind sehr von den körperlichen Symptomen der Angst, bzw. der Symptome der Übererregung beeinträchtigt. Oft hören wir Sätze wie: „Mein Körper spinnt!" oder „Ich fürchte, ich trage einen bleibenden körperlichen Schaden davon." Diese Patienten erleben sich als verändert und befürchten, dass dies jetzt so bleibt. Andere Patienten können nur schwer mit den schmerzlichen Wiedererinnerungen umgehen und befürchten daher, sie würden verrückt oder müssten den Rest ihres Lebens damit leben. Dem ist nicht so: Die Symptome der PTB sind Zeichen einer erhöhten seelischen Belastung. Sie haben keine schädigenden Konsequenzen für den Körper und sind auch nicht der Beleg für eine ernsthafte körperliche oder andere seelische Störung. Die Symptome der PTB sind mit geeigneten Methoden gut zu behandeln.

Ungünstige Bewertungen der Reaktionen anderer Menschen

Für viele von uns ist es schwierig, mit Menschen, die sehr belastet sind, umzugehen. Man weiß nicht so recht, was diejenigen brauchen: Soll man sie in Ruhe lassen oder sich um sie kümmern? Man möchte ja nichts falsch machen. Entweder fehlen einem die Worte oder man möchte am liebsten nichts von all dem Schlimmen hören. Vielleicht kennen Sie diese Unsicherheit im Umgang mit belasteten Menschen (z. B. mit jemandem der gerade einen Trauerfall hatte) auch von sich selbst. Es kann gut sein, dass gerade Menschen, die Sie mögen, sehr hilflos auf Sie und Ihr Leiden reagieren. Andere Menschen bemühen sich vielleicht besonders um Sie. Dieses Verhalten muss noch lange nicht heißen, dass Sie nicht mehr für voll genommen werden. Sagen Sie, was Sie sich wünschen. Oder geben Sie Menschen, die Ihnen viel bedeuten, dieses Buch zu Lesen. Falls Menschen ungünstig mit Ihnen umgehen, Ihnen zum Beispiel Vorwürfe machen oder ungeduldig sind, überlegen Sie sich, ob Sie den Kontakt zu diesen Menschen vorübergehend einschränken können bis es Ihnen besser geht. Oder erbitten Sie sich mehr Verständnis. Ärger und Abwertungen können auch eine Reaktion auf Hilflosigkeit sein. Wenn einzelne ungünstig auf Sie reagieren, heißt es noch lange nicht, dass alle anderen Menschen, immer so auf Sie reagieren werden.

Denkfehler: Gefühlsmäßiges Schlussfolgern

Wenn von einem erlebten Gefühl (z. B. Angst) auf *unsichtbare oder schlecht belegbare* Tatsachen geschlossen wird, die dieses Gefühl rechtfertigen sollen, sprechen Psychotherapeuten von dem Denkfehler des gefühlsbasierten Schlussfolgerns. Beispiel: Frau Q. sitzt die Angst noch im Nacken. Sie *fühlt* sich von den Tätern verfolgt, obwohl es keine Anzeichen gibt, dass diese ihr auf den Fersen sind. Dieser Denkfehler kann im Zusammenhang mit ganz unterschiedlichen gefühlsmäßigen Belastungen auftreten. Also zum Beispiel auch im Zusammenhang mit Schuldgefühlen („Ich fühle mich schuldig, also muss ich etwas falsch gemacht haben"). Verwechseln Sie bitte Gefühle nicht mit (unbelegten) Tatsachen.

3.3.2 Auseinandersetzung mit den Folgen des Traumas: Ja oder Nein?

Vielleicht haben Sie durch das Ausfüllen der Checkliste auf Seite 155 bis 157 den Eindruck gewonnen, die Kriterien einer PTB zu erfüllen. Verhaltenstherapeuten, die entsprechend ausgebildet sind, wissen, dass die PTB gut behandelbar ist. Vorausgesetzt, die Betroffenen wollen eine Behandlung. Es kann durchaus sinnvoll sein, sich zu fragen, ob Sie sich mit der PTB auseinandersetzen wollen.

Übung: Auseinandersetzung mit dem Trauma: Ja oder Nein?

Fragen Sie sich:

- Warum will ich jetzt die Folgen meiner Traumatisierung angehen?
- Was möchte ich erreichen?
- Welche Gründe gibt es, warum ich derzeit *nichts* mit den Folgen des Traumas zu tun haben will?
- Was wiegt schwerer, die Gründe für oder gegen die Auseinandersetzung mit dem Trauma?
- Welche dieser Gründe könnte ich mit einem Therapeuten besprechen?
- Gibt es andere psychische Störungen oder Probleme, die für mich im Moment im Vordergrund stehen?

Meine Antwort:

_____

_____

_____

_____

_____

3.4 Was ist eine akute Belastungsstörung oder akute Belastungsreaktion?

Von einer PTB spricht man dann, wenn die charakteristischen Symptome länger als vier Wochen andauern. In den ersten vier Wochen nach einer Traumatisierung kann eine andere Störung einsetzen, die dann allerdings nicht länger als vier Wochen andauern darf. Die Rede ist von der *akuten Belastungsstörung oder akuten Belastungsreaktion.* Die Symptome dieser Störung ähneln stark der PTB. Zusätzlich werden noch drei dissoziative Symptome gefordert. Dissoziative Symptome sind typische Symptome einer Belastungsverarbeitung. Vermutlich sollen sie die Betroffenen in der traumatisierenden Situation und danach vor zu starken Gefühlen oder Schmerzen schützen. Auch diese Symptome sind ungefährlich und kein Zeichen für eine Katastrophe, z. B. verrückt zu werden. Im Einzelnen muss die betroffene Person drei der folgenden dissoziativen Symptome zeigen:
1. subjektives Gefühl von gefühlsmäßiger Taubheit, von Losgelöstheit oder Fehlen gefühlsmäßiger Reaktionsfähigkeit,
2. Beeinträchtigung der bewussten Wahrnehmung der Umwelt (z. B. „wie betäubt sein"),
3. Depersonalisationserleben,
4. Derealisationserleben,
5. dissoziative Amnesie (Unfähigkeit, sich an einen wichtigen Aspekt des Traumas zu erinnern).

Unter Symptomen der *Depersonalisation* versteht man eine Erfahrung, in der es zu einem subjektiven Gefühl von Fremdheit, Unwirklichkeit und Ungewohntheit der eigenen Person, seinen Handlungen und seiner Umgebung gegenüber kommt. Unter Symptomen der *Derealisation* versteht man eine subjektive Erfahrung von Veränderungen in den räumlichen und zeitlichen Beziehungen der Umgebung gegenüber, so dass z. B. eine bis dahin neutrale Umgebung plötzlich sehr bekannt (Déjà-vu-Erlebnis), befremdlich, unbekannt oder in anderer Weise verändert erscheint.

> **Beispiel:**
>
> Frau U. arbeitet in einer Bank und stellt sich wenige Tage nach einem Banküberfall bei uns vor. Sie leidet unter den typischen Symptomen der Akuten Belastungsstörung. An dissoziativen Symptomen schildert sie Folgendes: Sie habe während des Überfalles „neben sich gestanden" (Depersonalisation), als ob sie sich dabei beobachten würde, wie sie den Forderungen des Bankräubers nachkommt. Danach habe sie erst mal ihre Umgebung gar nicht mehr richtig wahrgenommen, die Filiale habe sie nur noch verschwommen gesehen und Probleme gehabt, die Fragen der Kollegen und Polizisten zu verstehen (Derealisation).

Man unterscheidet zwischen drei Formen von Depersonalisation und Derealisation: Eine alltägliche milde Form, wie sie zum Beispiel nach starker Erschöpfung, Schlafentzug, Drogen- und Alkoholvergiftung auftreten kann. Eine vorübergehende Form: Diese Form tritt als isoliertes Symptom auf und kann Minuten bis hin zu mehreren Wochen andauern. Typische Auslöser sind: Lebensbedrohungen bzw. Traumatisierungen. Diese dissoziativen Symptome treten unmittelbar nach der Bedrohung auf. Diese Form der vorübergehenden Dissoziation trifft auf Frau U. zu. Bei Frau U. traten die Symptome der Dissoziation während des Überfalles und kurz danach auf. Bei ihr sind sie eindeutig durch die traumatische Erfahrung ausgelöst worden und gingen danach zurück. Zum Zeitpunkt des Gespräches mit der Psychotherapeutin waren diese Symptome bereits verschwunden. Die dritte Form der Depersonalisation und Derealisation wird als krankheitswertig und gravierend beschrieben. Es kommt zu überdauernden und sich wiederholenden Depersonalisationen und Derealisationen. Diese Symptome können über mehrere Jahre andauern. Bei der Entstehung dieser schweren Form der Dissoziation können traumatische Erfahrungen eine Rolle spielen, müssen es aber nicht.

Was Sie im Falle einer akuten Belastungsstörung tun können

Liegt bei Ihnen ein Trauma erst vier bis acht Wochen zurück, ist es gut möglich, dass Sie eine Akute Belastungsstörung haben. Sollte dies der Fall sein, können Ihnen folgende Vorschläge helfen.

- Sorgen Sie dafür, dass Sie in Schutz und Sicherheit sind.
- Versuchen Sie zunächst zusätzliche Belastungen aus dem Weg zu gehen.
- Bewegen Sie sich viel oder üben Sie ein Entspannungsverfahren ein.
- Lesen Sie sich das Kapitel über Angst (Kapitel 5) durch und fertigen Sie einen Traumabericht an.
- Lesen Sie sich das Kapitel über Sicherheitsverhalten (Kapitel 6) durch und versuchen Sie, nicht zu vermeiden. Aber Achtung: Vermeidung ist dann wichtig, wenn Sie sich in Sicherheit bringen wollen.
- Versuchen Sie Ihren Alltag so gut wie möglich so zu gestalten, wie er vor dem Trauma war.
- Wenn die Symptome milde sind: Muten Sie sich Gesundheit zu. Setzen Sie also Ihr Leben in gewohnter Weise fort.

Befolgen Sie diese Anweisungen nicht, wenn Sie den Verdacht haben, dass sich die Symptome der PTB wieder verstärkt haben, weil Sie bereits ein früheres Trauma zu verkraften haben. In diesem Fall nehmen Sie sich mehr Zeit und suchen Sie einen Therapeuten auf. Außerdem sollten Sie sich nicht alleine an die Bewältigung der akuten Belastungsreaktionen machen, wenn Sie sich außergewöhnlich belastet fühlen oder bereits vor der Traumatisierung psychisch belastet waren. Wenn Sie unter gravierenden Symptomen der Dissoziation leiden, sollten Sie ebenfalls auf diese Form der Selbsthilfe verzichten.

> **Wichtig:**
> Verlangen Sie von sich keine Auseinandersetzung mit dem Trauma, wenn es Ihnen im Moment als zu schwierig erscheint.

3.5 Andere mögliche psychische Störungen nach einer Traumatisierung

Bei der Mehrzahl der Menschen mit einer PTB bestehen auch andere psychische Störungen. Diese können entweder bereits vor der Traumatisierung bestanden haben, oder sind im Rahmen der Belastungsverarbeitung entstanden. Als klinische Faustregel gilt, dass die anderen Störungen, die im Rahmen der Belastungsverarbeitung entstanden sind, meist keine eigene Behandlung erfordern. Dies gilt zum Beispiel für eine Panikstörung und leichte bzw. mittelschwere Ausprägungen einer depressiven Störung. Ausnahmen zu dieser Faustregel bestehen bei schweren Depressionen und Suchtstörungen. Suchtstörungen, wie die Abhängigkeit von Alkohol, Medikamenten[1] oder illegalen Drogen (z.B. Cannabis) können in der Regel weder ambulant noch zweitrangig behandelt werden. Diese Störungen müssen meist gezielt in geeigneten, stationären Einrichtungen behandelt werden. Beachten Sie bitte, dass manche der beschriebenen Symptome auch auf die Einnahme von Medikamenten, Drogen bzw. Alkohol oder auf eine medizinische Erkrankung zurückgeführt werden können. Panikattacken können beispielsweise auch im Rahmen einer Schilddrüsenüberfunktion entstehen. Daher kann es für Sie sinnvoll sein, bestimmte körperliche Grunderkrankungen durch einen Arzt ausschließen zu lassen. Tabelle 1 stellt kurz andere häufige psychische Störungen vor und erklärt den Hauptunterschied zur PTB.

Tabelle 1: Andere häufig vorkommende psychische Störungen und die PTB im Vergleich

Psychische Störung	Hauptsymptome	Unterschiede zur PTB
Panikattacke (keine eigentliche psychische Störung)	Episode intensiver Angst und Unbehagen, begleitet von mind. 4 Symptomen körperlicher Erregung (z.B. Herzklopfen, Schwitzen, Zittern oder Beben etc.), die plötzlich und unerwartet auftreten und innerhalb von 10 Minuten einen Höhepunkt erreichen.	*Panik:* Angst tritt plötzlich und unerwartet auf. *PTB:* Angst/Panikattacken treten in Zusammenhang mit Wiedererinnerungen bzw. Auslösereizen auf.
Panikstörung	Wiederkehrende, plötzliche Panikattacken, anhaltende Sorge über erneute Attacken und Bewertung der Attacken als körperlich bedrohlich oder Anzeichen dafür, verrückt zu werden.	*PTB:* Bedrohung bezieht sich v.a. auf ein Wiederauftreten eines Traumas.

---

[1] Hilfreiche Informationen zum Thema Medikamentenabhängigkeit finden sich im „Ratgeber Medikamentenabhänigigkeit" von den Elsesser und Sartory (vgl. auch Anhang, S. 147).

Tabelle 1 (Fortsetzung): Andere häufig vorkommende psychische Störungen und die PTB im Vergleich

Psychische Störung	Hauptsymptome	Unterschiede zur PTB
Depression (Major Depression)	Deutliche Niedergeschlagenheit und Verlust an Interesse	*PTB:* auch sozialer Rückzug und Vermeidung möglich. *Depression:* Energieverlust, Gewichtsverlust/ Gewichtszunahme, Suizidgedanken
Soziale Phobie	Ausgeprägte und anhaltende Angst vor sozialen oder Leistungsstituationen, in denen Person bewertet werden könnte. Befürchtung, etwas zu tun, was peinlich oder demütigend sein könnte.	*PTB:* Bedrohung bezieht sich v. a. auf Wiederauftreten eines Traumas. *Soziale Phobie:* Angst vor Bewertung.
Agoraphobie ohne Panikstörung in der Vorgeschichte	Angst an Orten zu sein aus denen Flucht schwierig oder peinlich ist (z. B. alleine außer Haus gehen, Schlange stehen, Verkehrsmittel benutzen.) Angst vor Panikattacken an diesen Orten.	*Agoraphobie:* Angst, die Kontrolle zu verlieren. *PTB:* Angst vor neuen Bedrohungen.
Generalisierte Angststörung	Übermäßige Angst und Sorge bzgl. mehrerer Ereignisse oder Tätigkeiten. Schwierigkeiten, Sorgen zu kontrollieren.	*Generalisierte Angststörung:* Übertriebene Sorgen, die als übermäßig wahrgenommen werden. *PTB:* Schwierigkeit sich sicher zu fühlen, obwohl kein Anlass zur Sorge besteht.

4 Traumagedächtnis: Die Zeit heilt nicht alle Wunden!

Für viele Menschen, die traumatisiert wurden, liegt das Trauma teilweise sehr weit zurück. Die Kriegskinder aus dem Zweiten Weltkrieg beispielsweise sind heute schon recht alte Leute. Manche von ihnen leiden aber noch unter ihren Erlebnissen im Krieg. Andere Menschen, die bereits in der Kindheit traumatisiert wurden, haben ebenfalls oft schon eine weite Strecke ihres Lebens hinter sich, bevor sie anfangen möchten, ihr Trauma zu bewältigen. Für andere ist das Trauma jedoch nicht so lange her. Dies gilt insbesondere für Menschen, die als Erwachsene ein Trauma erlebten. Manche von diesen suchen heute bereits recht bald nach einem Trauma therapeutische Hilfe. Alle Traumatisierten mit einer PTB teilen jedoch eine Erfahrung: Die Erinnerungen an das Trauma lassen sie nicht los! Wie wir bereits gesehen haben, sind die schmerzlichen Wiedererinnerungen an das Trauma zentrale Symptome der PTB, die nicht mehr einfach so verschwinden. Wie ist es zu erklären, dass die Betroffenen immer noch von Erinnerungen an die Traumatisierung heimgesucht werden? Die verschiedenen Modellannahmen, die zu dieser Frage entwickelt worden sind, gehen alle davon aus, dass die Symptome der PTB durch eine *Störung des Gedächtnisses* erklärbar sind. Als sehr hilfreich hat sich die Annahme erwiesen, wonach die schmerzlichen Erinnerungen in einem eigenständigen „Traumagedächtnis" abgespeichert werden.

Kasten 2: Merkmale des Traumagedächtnisses

- Betroffene werden von den traumatischen Erinnerungen überfallen und haben *nicht* unter Kontrolle, wo, wie und wann sie an das Trauma erinnert werden. Die Wiedererinnerungen werden so erlebt, als brächen sie „aus dem Nichts" über die Betroffenen herein.
- Die Gefühle, die Sie im Trauma erlebten sind noch sehr „frisch", Sie *erleben* die Gefühle wieder. Diese Gefühle sind keine Erinnerung. Es werden die „Originalgefühle", die Sie damals während des Traumas hatten, wiedererinnert.
- Die Erinnerungen sind insgesamt mit einer „Hier- und Jetzt-Qualität" abgespeichert.
- Die Wiedererinnerungen sind oft lebendige bildliche Erinnerungen. Die Erinnerungen können aber auch auf allen anderen Sinnesebenen wiedererinnert werden. Die Hälfte der Traumatisierten berichtet zum Beispiel

auch, bestimmte Aspekte des Traumas zu hören (z. B. das Martinshorn oder die Stimme des Täters). Andere berichten vom Wiedererinnern von Schmerzen oder anderen körperlichen Erfahrungen (z. B. Berührungen).
- Die Wiedererinnerungen werden in *Reaktion* auf so genannte Auslöser ausgelöst.
- Oftmals werden die Auslöser der posttraumatischen Reaktionen jedoch nicht bewusst wahrgenommen. Dies trägt dazu bei, dass die Betroffenen sich von den Erinnerungen überfallen fühlen.

4.1 Das Traumagedächtnis erfüllt eine Warnfunktion

Welchen Sinn könnte dies haben? Wissenschaftler vertreten die Annahme, dass das Gedächtnis unter starken, traumatischen Belastungen anders funktioniert als im normalen Alltag. Die im Trauma ablaufende Art der Verarbeitung der einströmenden Informationen erhöht die Wahrscheinlichkeit, dass Teile des Traumas mit den beschriebenen Merkmalen traumatischer Wiedererinnerungen abgespeichert werden. Das Gedächtnis merkt sich also, diesen Annahmen zu Folge, diese Aspekte des Traumas besonders gut, die für Sie damals eine besonders starke Bedrohung darstellten bzw. eine besonders schlimme Bedeutung hatten. Die schmerzlichen Erinnerungen haben in der Folge die Aufgabe, „Sie zu warnen". Es ist so, als wollte das Gedächtnis Ihnen mitteilen: „Pass bloß auf, dass dir dies nicht wieder passiert!". Es will also vor *zukünftigen* Gefahren warnen.

Beispiel:

Frau L. hatte einen schweren Autounfall. Sie träumt nachts immer wieder von dem Moment, als sich der Unfall anbahnte. Sie „sieht" das andere Auto auf sich zurasen und erlebt den Schrecken und die Angst wieder, die sie damals hatte. Der Albtraum setzt sich dann bis zu dem Moment fort, wo sie das Bewusstsein verlor. Man geht davon aus, dass das Gedächtnis sich diese beschriebenen Momente des Traumas besonders gut merkt, die Frau L. als lebensbedrohlich erlebte, um sie heute vor ähnlichen Situationen zu warnen.

> **Beispiel:**
>
> Frau A. wurde über mehrere Monate von einem Mann täglich gequält. Obwohl das Trauma sehr lange dauerte, wird sie vor allem von einem Albtraum über einen besonders schlimmen Moment fast jede Nacht mehrmals heimgesucht. Das Erlebnis war für Frau A. aus zweierlei Gründen besonders schlimm: Zum einen fürchtete sie zu ersticken, zum zweiten lösten die Erinnerungen Selbstvorwürfe aus. Frau A. meint noch heute, sie hätte dieses Erlebnis verhindern können. Es machte nicht nur ihre eigene Verletzbarkeit deutlich, sondern auch ihre eigenen angeblichen Fehler. Die Warnung des Traumagedächtnisses, die daraus entsteht, könnte man formulieren als: „Es liegt an dir, wenn schlimme Dinge passieren. Du bist dafür verantwortlich, ob so etwas passieren wird oder nicht!" Als Psychotherapeuten teilen wir allerdings nicht diese ungünstige Sicht des Traumagedächtnisses, können sie jedoch nachvollziehen.

4.1.1 Welche Nachteile entstehen aus dieser Warnfunktion?

Die beschriebene Warnfunktion des Gedächtnisses angesichts *zukünftiger* Gefahr ist auf den ersten Blick eine wertvolle Fähigkeit des Gedächtnisses. Die schmerzlichen Wiedererinnerungen, die oftmals von Angst begleitet sind, haben wie (nicht traumatische) Angst im Allgemeinen eine hohe Bedeutung für die Sicherung des Überlebens: ohne Angst und Erinnerungen an gefährliche Vorerfahrungen hätte die Menschheit (und auch die Tierwelt) sich nicht entwickeln können. Die meisten Menschen mit einer PTB leben aber aktuell unter sicheren Bedingungen. Das heißt sie werden nicht mehr bedroht, misshandelt oder sind keinen anderen traumatischen Umständen mehr ausgesetzt. Das Leben könnte also besser weiter gehen. Die Warnfunktion des Traumagedächtnisses führt aber dazu, dass die Betroffenen sich eben noch *nicht sicher fühlen, obwohl sie sicher sind*. Das Traumagedächtnis hat also noch nicht verstanden, dass das Trauma vorbei ist und es keinen Grund gibt, ständig vor einer möglichen neuen Traumatisierung oder eigenen Fehlern auf der Hut zu sein. So hat es im Beispiel noch nicht verstanden, dass die negativen Selbstbewertungen, wie zum Beispiel Schuldgedanken von Frau A., bei näherem Hinsehen keine angemessene Bewertung des Traumas darstellen. Dadurch entstehen viele der gefühlsmäßigen Belastungen, die Traumatisierte heute erleben.

4.1.2 Den Vergangenheitscharakter des Traumas stärken

Eine Tücke der Wiedererinnerungen an das Trauma, ihre Jetzt-Qualität, kann das Leben nach einem Trauma sehr schwierig machen. Mit der Jetzt-Qualität ist das Erleben der schmerzlichen Wiedererinnerungen gemeint, welches den Eindruck hinterlässt, als wäre das Trauma oder ein bestimmter Aspekt davon, das/der wiedererinnert wird, gerade wieder passiert. Unsere Patientinnen und Patienten unterscheiden sich zum Teil deutlich darin, ob sie das Trauma als etwas Vergangenes erleben können oder nicht. Vielleicht stehen auch Sie noch so unter dem Eindruck des Erlittenen, dass es schwierig ist, sich von dem *Vergangenheitscharakter* des Traumas zu überzeugen. Ein erster Schritt kann für Sie darin bestehen, für sich folgende Fragen zu beantworten:

Übung: Vergangenheitscharakter des Traumas

Fragen Sie sich:

- Wann war das Trauma für mich zu Ende und welche Belege habe ich heute, dass es vorbei ist?

Meine Antwort:

_____

_____

_____

_____

_____

Beispiele:

Eine Frau aus Serbien, die im Krieg traumatisiert wurde, schreibt: „Für mich war der Krieg zu Ende, nach dem ich Asyl beantragt hatte. Ich habe den Krieg überlebt und bin jetzt in Sicherheit!"

Eine junge Frau, die in der frühen Jugend von ihrem Großvater missbraucht wurde, schreibt: „Der Missbrauch ist vorbei. Ich lebe heute nicht mehr zu Hause. Heute bin ich nicht mehr alleine!"

4.1.3 Heute ist es anders

Eine zweite Möglichkeit, Abstand zum Trauma zu gewinnen, besteht darin, sich mit den Belegen zu beschäftigen, die Ihnen zeigen, dass das Trauma in der Vergangenheit liegt.

Übung: Was verdeutlicht Ihnen, dass das Trauma vorbei ist?

Damals war ...
Damals war ich 20 und lebte in Leipzig.

Heute ist ...
Heute bin ich 30 und lebe in Dresden.
Heute entscheide ich über mein Leben.

Ihre Situation von damals: **Ihre Situation von heute:**

_____   _____

_____   _____

_____   _____

_____   _____

_____   _____

4.1.4 Überzeugen Sie sich davon, dass es heute anders ist!

Eine dritte Möglichkeit, Abstand zum Trauma zu gewinnen, besteht darin, Situationen oder Tätigkeiten aufzusuchen, die Ihnen seit dem Trauma Angst machen. Dies sollten Sie so lange tun, bis Sie begriffen haben, dass das Trauma vorbei ist. Falls Sie eine geeignete Situation oder Tätigkeit aufsuchen, können Sie es sich leichter machen, indem Sie Ihre Aufmerksamkeit bewusst auf die Anzeichen lenken, die Ihnen deutlich machen, dass Sie jetzt sicher sind. Falls Sie diese Form der Bewältigung anspricht, sollten Sie als nächstes Kapitel 6 lesen.

> **Beispiel:**
>
> Frau T. hat Angst vor der Natur im Frühling. Die Natur wurde zum Auslöser von Wiedererinnerungen, da das Trauma im Frühling passierte. Es ist ihr nicht zugänglich, dass Bäume und Flüsse etc. nicht gefährlich sind. Deshalb sucht die Therapeutin mit ihr ein Waldstück auf. Dort wird sie angehalten sich solange darin aufzuhalten, bis ihr die Unterschiede zu damals deutlich geworden sind und sie keine Angst mehr vor den Bäumen hat.

> **Merke:**
>
> Üben Sie niemals in Situationen von denen nicht klar ist, ob Sie darin sicher sind. Fragen Sie andere Menschen, wie sie diese Situation einschätzen.

4.2 Auslöser: Das Traumagedächtnis hat es leicht, Sie zu warnen!

Viele Betroffene berichten, die schmerzlichen Wiedererinnerungen an die Traumatisierung tauchten plötzlich und unerwartet auf. Andere wissen jedoch, dass die Bilder besonders in bestimmten Situationen auftauchen, wenn sie zum Beispiel mit einer Person Kontakt haben, die in irgendeinem Zusammenhang mit dem Trauma steht, oder wenn sie an bestimmten Orten sind usw. Wichtig ist es zu begreifen, dass die Wiedererinnerungen nicht einfach so auftauchen. In der Regel gibt es bestimmte Reize, die die Wiedererinnerungen auslösen. Auch dies ist eine Besonderheit des Traumagedächtnisses: das schmerzliche Wiedererleben von Aspekten des Traumas vor dem inneren Auge ist abhängig von Auslösern. Man geht davon aus, dass die vielen Reize, die damals während der Traumatisierung vorlagen, im Traumagedächtnis enthalten sind und die beschriebene Warnfunktion auslösen können, sobald ein Reiz im Hier und Jetzt zu den Reizen im Gedächtnis passt. Die Warnfunktion des Traumagedächtnisses wäre dann perfekt, wenn es nur auf Reize reagieren würde, die ganz eindeutig darauf hinweisen, dass *jetzt* eine wirkliche

Gefahr droht. Leider kann das Traumagedächtnis nicht so perfekt sein, da darin auch Reize abgespeichert sind, die ungefährlich waren, jetzt aber mit dem Trauma verknüpft sind und nach „Gefahr riechen". Es muss auf aktuelle Auslöser reagieren, weil es Sie warnen will. Für Betroffene heißt das, dass das die Unterscheidung zwischen „sicher" und „bedrohlich" schwierig geworden ist.

Beispiele:

Frau Q. kann seit der Vergewaltigung keine Jeans mehr anziehen und erträgt noch nicht einmal deren Anblick. Einer der Vergewaltiger trug eine ganz bestimmte Jeans. Was ist an einer Jeans gefährlich? Nichts. Jeans sind aber leider zu einem Auslöser für schmerzliche Wiedererinnerungen geworden.

Eine Frau mittleren Alters wird immer wieder von Erinnerungen an den erlittenen sexuellen Missbrauch heimgesucht, wenn sie berufsbedingt in die Gemeinde fährt, in der sie missbraucht wurde. Was ist an der Gemeinde gefährlich? Nichts. Sie stellte allerdings vor vielen Jahren den Tatort da. Stellt die Gemeinde heute noch einen Tatort dar? Nein.

Eine andere Frau wird ängstlich, wenn ihr Freund sie zärtlich umarmen will. Will der Freund ihr wehtun? Nein! Körperliche Nähe steht aber mit dem Trauma im Zusammenhang. *Damals* war der Körperkontakt mit dem Täter gefährlich.

Frau L. erträgt es nicht mehr auf der Rückbank des Autos hinter dem Fahrersitz zu sitzen. Dort saß sie während des Unfalls. Dieser Platz im Auto ist jetzt so eng mit dem Unfall verknüpft, dass er starke Gefahr signalisiert. Somit ist es Frau L. unmöglich, auch nur einen Meter Auto zu fahren, wenn sie dort sitzt. Was ist das Problem? Für Frau L. ist Autofahren im Allgemeinen zu einem Problem geworden. Sie wird wieder lernen müssen, dass Autofahrten nicht immer und überall zu einer Katastrophe führen müssen. Zudem wird sie lernen müssen ihre Angst zu bewältigen (vgl. Kapitel 5)

Was kann alles zum Auslöser für posttraumatische Reaktionen werden?

Grundsätzlich können alle möglichen Reize, die damals mit dem Trauma im Zusammenhang standen, zu Auslösern von posttraumatischen Reaktionen werden, wenn sie im Traumagedächtnis abgespeichert wurden. Zu den in Frage kommenden Reizen gehören Merkmale der Außenwelt und das Erleben und Verhalten der betroffenen Person selbst. Wissenschaftler können gut beschreiben, wie ein Reiz zum Warnsignal wird. Dabei spielt eine ganze Reihe von Faktoren eine Rolle. Wichtig ist zu verstehen, dass das Traumagedächtnis sowohl eine Reihe von ungefährlichen Reizen unter „Achtung Gefahr" abspeichert, aber auch nicht in der Lage ist, diese damaligen Reize von ähnlichen Reizen zu unterscheiden. Das heißt, dass die Warnfunktion in Form von schmerzlichen Wiedererinnerungen auch durch Reize ausgelöst werden kann, die nur annähernd mit Reizen übereinstimmen, die während des Traumas vorlagen. Zudem gelingt es dem Traumagedächtnis diese hinlänglich ähnlichen Reize sehr schnell und ohne bewusste Anstrengung aus dem Strom ständig auf das Gedächtnis einfließende Reize herauszufischen und Alarm zu schlagen.

Also: Nicht nur das eigentliche Unfallauto wird für Frau L. zum Angstauslöser, sondern viele wenigstens ähnliche, oder schlimmstenfalls alle Autos werden fortan sehr schnell als gefährlich wahrgenommen. Oder: Eine Traumatisierung in der Kindheit wurde durch einen bestimmten Mann begangen. Daraus entwickeln die Betroffenen aber leider generalisierte Ängste vor bestimmten Männern oder engem Kontakt mit ihnen.

4.2.1 Welche Nachteile entstehen durch die Auslöserabhängigkeit des Traumagedächtnisses?

Wie die Beispiele belegen, werden die Betroffenen immer wieder in gefühlsmäßige Schwierigkeiten gebracht, wenn sie mit bestimmten Auslösern in Kontakt kommen. Es ist leicht nachzuvollziehen, dass es schwer sein *muss*, ein Trauma zu verarbeiten, wenn man immer wieder daran erinnert wird. Zum zweiten fällt es schwer, zu erkennen, dass die Auslöser durch eine Störung im Gedächtnis zu einer Belastung werden. (Wenn Sie aktuell noch bedroht werden, dann lesen Sie Kapitel 11).

4.2.2 Was ist zu tun? Die Guten ins Töpfchen, die Schlechten ins Kröpfchen

Die Belastung durch die Wiedererinnerungen kann verändert werden, indem Sie zunächst lernen, Auslöser für gefühlsmäßige Belastungen und Wiedererinnerungen zu erkennen. In einem zweiten Schritt werden Sie lernen müssen, zwischen sicheren Reizen und wirklich bedrohlichen zu unterscheiden. Wahrscheinlich sind Ihnen nur wenige oder keine Auslöser für posttraumatische Reaktionen bekannt. Deshalb ist es nun sinnvoll, dass Sie anfangen, Ihre Auslöser aufzuspüren. Auf Seite 158 f. finden Sie dazu das Arbeitsblatt „Auslöser erkennen lernen". Überzeugen Sie sich davon, dass die Auslöser in Ihrem Kopf sitzen!

> **Merke:**
>
> Für Menschen, die unter sicheren Umständen leben gilt: Das Traumagedächtnis ist von Auslösern abhängig. Die Auslöser sitzen in ihrem Kopf (nicht in der Außenwelt!).

4.2.3 Helfen Sie Ihrem Traumagedächtnis: Sprechen Sie mit ihm!

Im Laufe der Zeit werden Sie sicherer werden, Ihre Auslöser aufzuspüren. Seien Sie nicht überrascht, es sind wahrscheinlich immer wieder dieselben. Es ist nun sinnvoll, zwischen sicheren und gefährlichen Reizen unterscheiden zu lernen und zwischen dem Trauma damals und Ihrem Leben heute. Eine hilfreiche therapeutische Methode besteht in Selbstgesprächen. Alle Menschen sind mehr oder minder ständig damit beschäftigt, mit sich zu sprechen. Meistens laufen die Selbstgespräche ohne viel Aufmerksamkeit ab. Psychologen wissen aber, dass die Selbstgespräche die Stimmungen deutlich verbessern oder verschlechtern können. Selbstgespräche können Ihnen bei der Bewältigung von Belastungen helfen, die durch Auslöser entstehen. Hierzu finden Sie auf Seite 160 das Arbeitsblatt „Mit Auslösern umgehen lernen".

> **Zusammenfassung:**
>
> Schmerzliche Wiedererinnerungen an das Trauma und seine Folgen sind in einem eigenständigen Traumagedächtnis abgespeichert. Dieses reagiert auf innere und äußere Auslöser mit einer Alarmreaktion. Der Weg aus dieser Spätfolge besteht darin, wieder auf vernünftige Art und Weise zwischen wirklichen Gefahren und sicheren Situationen, Personen und Aktivitäten unterscheiden zu lernen. Zudem ist wichtig, sich immer wieder klar zu machen, dass das Trauma vorbei ist und in die Vergangenheit gehört.

5 Was ist Angst?

Angstgefühle sind nicht nur auf das Erleben traumatischer Erfahrungen beschränkt, sondern ein häufiges Gefühl, das aus einer Reihe von Gründen entsteht. Das Gefühl Angst tritt typischerweise dann auf, wenn Menschen eine Bedrohung für sich oder andere Menschen wahrnehmen. Eine Vielzahl von Situationen kann als bedrohlich erlebt werden. Darunter fallen unangenehme soziale Situationen, wie z. B. ein Vorstellungsgespräch, bedrohlich erlebte körperliche Reaktionen, unüberschaubare neuartige Situationen und vieles mehr. Das ursprünglich Angst auslösende Ereignis ist im Fall der PTB das Trauma. Während eines Traumas besteht die Angst auslösende Erfahrung in einer Bedrohung der körperlichen oder seelischen Unversehrtheit der eigenen oder einer anderen Person. Typischerweise erleben Menschen bereits während des Traumas starke Angst oder fürchten sogar um Leib und Leben und reagieren daher mit Todesangst. Angst in einer solchen Situation zu erleben ist vollkommen normal und kein Anzeichen für eine Störung der Person. Angst äußert sich immer auf mehreren Ebenen:
- in dem Gefühl der Angst,
- in Bedrohungswahrnehmungen und -gedanken,
- in typischen körperlichen Reaktionen und
- typischen Verhaltensweisen.

Menschen unterscheiden sich darin, in welchem Ausmaß sie die Angst auf den verschiedenen Ebenen erleben.

Angst zu haben ist eine normale und wichtige menschliche Erfahrung. Im Laufe der Menschheitsgeschichte war Angst ein wichtiges Alarmsignal, das die Menschen darauf vorbereitete in einer bedrohlichen Situation das Richtige zu tun. Der beste Weg aus einer Bedrohung besteht meist in der Flucht aus der bedrohlichen Situation oder dem Kampf gegen den Angreifer. Die körperlichen Symptome der Angst sollen den Körper auf genau diese Reaktionen vorbereiten. Sie sind Symptome der Kampf- oder Fluchtreaktion. Während einer Angstreaktion ist das Denken, Fühlen und die Aufmerksamkeit auf die wahrgenommene Gefahr ausgerichtet. In einer Angstsituation kommt es häufig zu Aufschaukelungsprozessen zwischen Gedanken und körperlichen Reaktionen, welche die Angst schnell ansteigen lassen. Die Alarmreaktion verläuft äußerst schnell und ohne bewusste Aufmerksamkeit. Hunderte von körperlichen Veränderungen treten während einer Angstreaktion auf. Das Aktivierungsniveau wird höher und die Körperspannung nimmt zu. Spürbar von diesen vielen Veränderungen sind v. a. die typischen Angstsymptome wie Herzklopfen, eine Erhöhung des Pulsschlages oder Schwitzen, weiche Knie oder das Gefühl „starr vor Angst" zu sein. Außerdem können auch andere Symptome wie Übelkeit, Schwindelgefühle, Engegefühle in der Brust oder Atemnot auftreten. Die mit Angst einhergehenden schnell einsetzenden und meist starken körperlichen Symptome sind auch heute noch auf die überlebenswichtige Alarmreaktion zurück zu führen.

Kasten 3: Typische körperliche Symptome von Angst

- Herzklopfen, beschleunigter Herzschlag
- Zittern oder Beben
- Erstickungsgefühle
- Übelkeit oder Magen-, Darmbeschwerden
- Derealisation (Umgebung wird als unwirklich, verändert wahrgenommen)
- Angst, die Kontrolle zu verlieren oder verrückt zu werden
- Taubheit und Kribbelgefühle
- Schwitzen
- Kurzatmigkeit, Atemnot
- Schmerzen oder Beklemmungsgefühle in der Brust
- Schwindel, Unsicherheit, Benommenheit oder der Ohnmacht nahe sein
- Depersonalisation (Körper wird als verändert, unwirklich wahrgenommen)
- Angst zu sterben
- Hitzwallungen oder Kälteschauer

Bei Angst spielen Bewertungen ebenfalls eine große Rolle. Wenn das Trauma als ein bedrohliches Ereignis wahrgenommen wird, das zwar schlimm war, aber wahrscheinlich nicht wieder auftreten wird, dann ist die Angst nach dem Trauma relativ gering, oder gar nicht vorhanden. Wenn man meint, das Trauma könne immer wieder passieren, dann werden Angstgefühle intensiv sein und die Betroffenen werden auch Vermeidungsverhalten zeigen, damit genau diese Befürchtung nicht mehr eintritt. Die Befürchtung, dass ein Trauma wieder auftreten könnte, ist nicht die einzige ungünstige Bewertung nach einem Trauma. Andere typische Befürchtungen beziehen sich auf negative Folgen der körperlichen Symptome der Angst. Betroffene fürchten manchmal sie würden verrückt werden oder behielten einen dauerhaften körperlichen Schaden. Beide Befürchtungen treffen nicht zu. Angstsymptome sind nicht gefährlich und führen nicht zwangsläufig zu einer Katastrophe.

> **Merke:**
> Angst ist nicht nur ein Gefühl, sondern auch das Resultat des Zusammenspieles von Gedanken, Gefühlen und körperlichen Reaktionen. Angst war und ist für das Überleben wichtig.

> **Beispiel für eine typische Angstreaktion:**
>
> Frau A. läuft über einen Zebrastreifen. Von weitem kommt ein Auto angerast. Frau A. ist unsicher, ob das Auto rechtzeitig bremsen wird und sie sicher über die Straße kommt (*Bedrohungsgedanken*). Ihr Herz beginnt schneller zu schlagen (*körperliche Reaktion*), ihr Schritt geht schneller (*Verhalten*) und sie kommt sicher über die Straße.

5.1 Wann wird Angst zum Problem?

Angst wird dann zum Problem, wenn sie uns bei der Bewältigung des Alltages und der Erreichung wichtiger Lebensziele hindert. Zu wenig Angst ist genauso ungesund wie zu viel Angst. Sind Menschen sehr risikofreudig, was bedeuten kann, dass sie eher wenig Angst erleben, sind sie möglicherweise mehr Gefahren ausgesetzt als ängstlichere Menschen. Auf der anderen Seite kann ein zu viel an Angst unangenehme Einschränkungen im Alltag bedeuten, wie das folgende Beispiel zeigt.

> **Beispiel:**
>
> Frau A. hatte einen schweren Verkehrsunfall. Seither lässt die Angst sie nicht mehr los. Das *Gefühl der Angst* tritt auf, sobald sie eine Autofahrt plant. Sie wird schlimmer je näher sie einem Auto kommt. Sie fürchtet sich davor, einen neuen Unfall zu erleiden (*Bedrohungsgedanke*). Sie reagiert dann schnell mit Herzrasen, weichen Knien und Unruhe (*körperliche Reaktionen*). Wenn sie die Angst zu unerträglich findet, springt sie wieder aus dem Auto und verzichtet auf die Fahrt (*Verhalten*). Die Angst ist besonders groß, wenn Frau A. auf die Autobahn muss. Dort hatte sich der Unfall ereignet: Ihr macht das Auto fahren auf der Autobahn also besonders viel Angst (*Bedrohungswahrnehmung*). Sie fährt nur noch selten auf

> der Autobahn (*Verhalten*) und wenn, dann höchstens 80 km/h. Auch in der Stadt wird sie immer vorsichtiger und ängstlicher. Vor der Therapie überlegt sie sogar, ob sie ihre Arbeitsstelle wechselt, damit sie weniger Auto fahren muss.

5.2 Wieso geht die Angst nicht mehr weg und wie wird sie verarbeitet?

Angst und Angststörungen sind so häufig, dass Wissenschaftler Angst sehr gut untersucht haben und viel über sie und ihre Behandlung wissen. Sehr einflussreich für das Verständnis chronischer Angst in Folge einer Traumatisierung ist die Theorie über die Verarbeitung von Emotionen. Wenn ein Gefühl zu einem behandlungswürdigen Problem wird, dann spricht man davon, dass dieses Gefühl noch nicht verarbeitet ist. Daher der Begriff Emotionsverarbeitungstheorie. Diese Theorie erklärt die Entstehung der Angst während des Traumas und deren Aufrechterhaltung nach dem Trauma. So weiß man heute sehr genau, dass Angst nicht mehr verarbeitet werden kann, wenn verhindert wird, dass sie nach dem Trauma ausgelöst wird, oder sobald sie auftritt sie schnell unterdrückt wird. Die Betroffenen vermeiden damit die Angst. Bei allen Formen der Angst spielt Vermeidung eine große Rolle und führt dazu, dass die Angst nicht mehr verschwindet. Bei Angst nach einer Traumatisierung fürchten sich die Betroffenen zum Beispiel davor, sich an das Erlebte zu erinnern. Sie vermeiden daher, über das Trauma zu sprechen bzw. weichen Situationen und Personen aus, die seit dem Trauma als bedrohlich wahrgenommen werden. Diese Reaktionen sind sehr verständlich, haben aber entscheidende Nachteile: Auf diese Nachteile werden wir in Kapitel 6 genauer eingehen. Hier daher nur schon einmal in Kürze: Solange die Betroffenen vermeiden, über das Erlebte zu sprechen, lernen sie nicht, dass das Trauma zwar schrecklich war, die damit einhergehende Angst aber bewältigbar ist. Das gleiche gilt für die Vermeidung von aktuell sicheren Situationen und Personen, die aber an das Trauma erinnern: Vermeidungsverhalten führt zu einem kurzfristigen Abfall von Angst. Dies kann zu der Überzeugung führen, dass nur Vermeidungsverhalten ein geeignetes Mittel sei, Angst zu bewältigen. Die Erfahrung, dass Angst schwächer wird, sobald man sich ihr stellt, wird durch die Vermeidung nicht gemacht. Zum anderen führt das Vermeidungsverhalten dazu, dass der Lebensspielraum sich verringert. Die Betroffenen können sich dann nicht davon überzeugen, dass das Trauma nicht immer und überall wieder passiert bzw. andere Befürchtungen nicht notwendigerweise wahr werden müssen. Im Gegenteil: Das Vermeidungsverhalten kann dazu führen, dass Unsicherheit zunimmt, was wiederum dazu führt, dass mehr Vermeidungsverhalten gezeigt wird.

Beispiel:

Frau J. hatte vor fünf Jahren einen Autounfall. Sie kann seither Ihren Beruf als Busfahrerin nicht ausüben. Sie hat keine schmerzlichen Wiedererinnerungen an den Unfall, bekommt aber beim Autofahren starke Angst und ist dann ständig damit beschäftigt die Straße abzuschätzen, ob ein neuer Unfall droht. Sie fürchtet sich sowohl vor einem neuen Unfall, als auch vor den körperlichen Symptomen der Angst. Als Vermeidungsverhalten zeigt sie: Sie fährt wenig bis gar nicht Auto. Zudem starrt sie angestrengt beim Fahren auf die Straße (um Gefährdungen wahrnehmen zu können). Dies verursacht Nackenschmerzen und Flimmern vor den Augen. Angstgefühle versucht sie zu unterdrücken.

Merke:

So verständlich Vermeidungsverhalten ist, es führt dazu, dass Sie Ihre Angst nicht bewältigen können, sondern in einem Teufelskreis aus Angst und Vermeidung gefangen sind (vgl. Abb. 2).

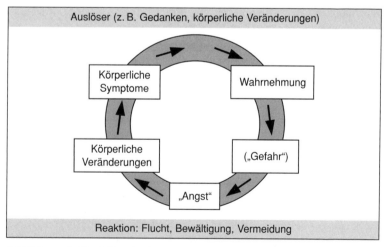

Abbildung 2: Teufelskreis der Angst

Wie sieht der Verlauf einer Angstreaktion aus?

Der Verlauf einer Angstreaktion ähnelt einem „umgekehrten U". Nachdem der Scheitelpunkt erreicht ist, nimmt die Angstreaktion ab. Wird Vermeidungsverhalten eingesetzt, erreichen die Betroffenen nicht den Scheitelpunkt und erleben nicht mehr den natürlichen Abfall der Angst. Das Vermeidungsverhalten kann mit der Erwartung verbunden sein, Angst würde am Scheitelpunkt stehen bleiben und nicht abfallen. Das Gefühl der Angst wird bei Vermeidung also nicht verarbeitet. Beim Umgang mit Angst sind drei verschiedene Angstverläufe zu unterscheiden:
- die Verlaufskurve einer Angstreaktion („das umgekehrte U"),
- die Vermeidungskurve (Angstabfall durch Vermeidung) und schließlich
- die Erwartungskurve (Erwartung, Angst bleibt auf einem hohen Niveau bestehen, sobald sie einmal ausgelöst ist).

Die Abbildung 3 macht die beschriebenen Zusammenhänge noch einmal klar. Die Vermeidungskurve stellt einen verständlichen, aber eben ungünstigen Umgang mit Angst dar. Die Erwartungskurve beruht meist auf Denkfehlern. Die Verlaufskurve stellt den tatsächlichen natürlichen Verlauf von Angstreaktionen dar.

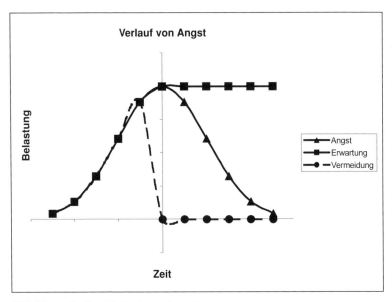

Abbildung 3: Der Verlauf von Angst

Sich überzeugen, dass die Gewöhnungskurve der Angst auch eintritt

Manche unserer Patienten haben Angst vor möglichen Schäden durch die körperlichen Symptome der Angst. Frau J. befürchtet zum Beispiel, einen Herzinfarkt zu erleiden, wenn sie die körperlichen Symptome nicht unterdrückt. Andere Patienten meinen, sie würden irgendwann verrückt. Dem ist nicht so. Die körperlichen Symptome der Angst sind weder Anzeichen von ernstlichen körperlichen oder seelischen Schäden noch könnten sie solche Schäden verursachen. Wenn Sie sich davon überzeugen wollen, dass körperliche Symptome der Angst ungefährlich sind und auch wieder weggehen, können folgende Übungen hilfreich sein:

Übung:

- 1 Minute lang schnell laufen.
- 1 Minute lang durch einen Strohhalm atmen.
- 2 Minuten lang einen Punkt an der Wand anstarren.
- 30 Sekunden lang den Kopf zwischen die Beine nehmen und dann schnell aufstehen.
- 30 Sekunden lang den Kopf schnell von rechts nach links drehen.
- 30 Sekunden lang die Luft anhalten.
- 30 Sekunden auf einem Schreibtischstuhl sich um sich selbst drehen.

Diese Übungen sind aus der Behandlung von Panikstörungen übernommen. Patienten mit einer Panikstörung fürchten sich besonders vor den körperlichen Symptomen der Angst und versuchen sie daher zu vermeiden. Durch die Übung können auch Sie lernen, dass die Symptome durch Sie selbst auslösbar sind, den Symptomen aus der Angstsituation ähneln und schließlich wieder von alleine zurückgehen.

5.3 Verarbeitung durch Konfrontation

Eine dauerhafte Verarbeitung von Angst gelingt dann, wenn man sich der Angst noch einmal stellt und sie wiederholt noch einmal durchlebt. Im Laufe wiederholter Auseinandersetzungen mit den Angst machenden Erinnerungen oder Situationen bzw. Aktivitäten wird das „umgekehrte U" immer kleiner und flacher (vgl. Abb. 3). Die Angstreaktion wird also schwächer und verschwindet oft vollkommen. Die Methode der Wahl, mit der Psychotherapeuten ihren Patienten helfen die Angst zu verarbeiten, heißt Konfrontation. Die Konfrontation mit angstbesetzten Situationen, Aktivitäten und Erinnerungen ist ein wichtiger Teil der verhaltenstherapeutischen Behandlung aller Angststörungen. Dies gilt auch für die Behandlung der PTB.

Was passiert in einer Konfrontationstherapie?

Die Konfrontationstherapie ist eine der erfolgreichsten Methoden der Therapie einer PTB. Die Konfrontationstherapie existiert in zwei Formen: der Konfrontation mit den schmerzlichen Wiedererinnerungen und der Konfrontation mit den vermiedenen Situationen, Aktivitäten und Personen. Während der Konfrontationstherapie hilft die Therapeutin der Patientin sich mit den posttraumatisch als bedrohlich erlebten, aber in Wirklichkeit sicheren Gedanken, Gefühlen, körperlichen Reaktionen, Aktivitäten und Situationen zu konfrontieren, um zu einer gefühlsmäßigen Verarbeitung zu kommen. Das heißt, das schmerzliche Wiedererleben des Traumas in allen seinen Qualitäten ist das beabsichtigte Ziel der Konfrontation, während der aber auch neue korrigierende Erfahrungen über die aktuelle Nichtbedrohlichkeit der inneren und äußeren Realität gemacht werden. Im Laufe der Konfrontationstherapie nehmen die schmerzlichen Wiedererinnerungen ab. Zudem lernen die Betroffenen, angstfreier traumabezogene Situationen, Personen und Aktivitäten aufzusuchen. Die Konfrontation mit den schmerzlichen Erinnerungen erfolgt entweder, indem das Erlebte wiederholt mit allen Details geschildert wird oder indem das Erlebte aufgeschrieben, der Therapeutin vorgelesen und dann wiederholt durchgelesen wird. Die Konfrontation vermiedener Aktivitäten und Personen besteht aus dem wiederholten Aufsuchen angstbesetzter Aktivitäten und Personen.

> **Wichtig:**
> Halten Sie sich bitte immer wieder vor Augen, dass die Angst, die Sie heute noch erleben, in die Vergangenheit gehört. Sie deutet darauf hin, dass Sie das Trauma noch nicht verarbeitet haben.

5.4 Wege aus der Angst

Wir erleben und verarbeiten jeden Tag Gefühle. Im Alltag gehören sie dazu und sind in der Regel nicht so stark, als dass wir viel Aufmerksamkeit darauf verschwenden würden. Für alle starken Gefühle, aber vor allem für Angst gilt: Das Gefühl wird verarbeitet, indem man sich mit ihm auseinander setzt. Bei schweren gefühlsmäßigen Belastungen sind dazu zwei Schritte notwendig: das ausführliche Reden oder Schreiben darüber, was das Gefühl auslöste und ein ausgewogenes Denken über das auslösende Ereignis oder dessen Folgen. Sie können versuchen, einen Traumabericht über ein traumatisches Einzelereignis zu erstellen. Dabei ist es wichtig, genau aufzuschreiben, wie es Ihnen damals ging, was Ihnen durch den Kopf ging und wie Ihr Körper reagierte. Bringen Sie dabei die Einzelheiten in die richtige Reihenfolge. Beginnen Sie mit dem Moment, indem noch alles (relativ) in Ordnung war und Sie sich (relativ) sicher fühlten. Beenden Sie den Traumabericht mit dem Moment an dem das Trauma (vorläufig) zu Ende war. Lesen Sie sich den Traumabericht täglich durch und führen Sie ein Protokoll über den Verlauf der Angst (vgl. Arbeitsblatt „Überprüfung des Verlaufs der Angst", S. 161). Lassen Sie sich beim Schreiben Zeit und machen Sie Pausen, wenn die Belastungen sehr hoch werden. Setzen Sie den Traumabericht dann fort, wenn Ihnen wieder danach ist. Beachten Sie, dass Ihre körperlichen und gefühlsmäßigen Reaktionen stark sein können. Dies ist normal! Angst geht mit starken körperlichen Reaktionen einher. Wenn Sie anfangen, sich mit dem Trauma auseinanderzusetzen, geben Sie Vermeidung auf. Daher *müssen* die ersten Reaktionen erst einmal stark sein.

Beispiel:

Frau A. schreibt den erlebten Unfall ganz genau auf. Dies tut sie, obwohl es ihr Angst macht und sie sehr unruhig wird. Während des Schreibens erlebt sie den Unfall vor ihrem geistigen Auge wieder. Den erstellten Traumabericht liest sie sich einmal am Tag durch. Im Laufe weniger Tage verschwindet die Angst. Durch das Lesen verändert sich die Bewertung des Unfalls. Frau A. ist nicht mehr so stark davon überzeugt, dass das Fahren auf der Autobahn immer gefährlich ist. Zudem glaubt sie nicht mehr, dass ihr Leben durch den Unfall für immer beschädigt ist. Sie traut es sich daher zu, mit ihrem Mann eine weitere Strecke in der üblichen Geschwindigkeit zu fahren. Nach einer Zeit des Übens beginnt sie wieder, wie früher Auto zu fahren. Den Arbeitsplatz will sie jetzt nicht mehr wechseln.

Lassen Sie das Schreiben sein,
- wenn Sie sich mit Alkohol und Drogen betäuben müssen, um die entstehenden Belastungen auszuhalten,
- wenn Sie im Alltag schon sehr belastet sind und nicht noch mehr Belastungen ertragen können oder wollen,
- wenn Sie dazu neigen, nach Belastungen zu dissoziieren (s. eine kurze Erklärung in Kapitel 3.4) oder
- wenn Sie dazu neigen, sich nach Belastungen zu verletzen (schneiden, brechen etc.).

Niemand erwartet von Ihnen, dass Sie sich mit dem Trauma alleine auseinander setzen sollen! Vielen Betroffenen ist es zunächst einfach wichtig, zu erfahren, welches die bewährten Methoden der Verhaltenstherapie sind. Falls Sie das Bedürfnis haben, das Trauma zu bewältigen, suchen Sie sich einen geeigneten Psychotherapeuten.

> **Merke:**
>
> Starke Gefühle werden verarbeitet, indem man sich ihnen stellt. Dies gilt vor allem für Angst. Bei der Auseinandersetzung mit den Auslösern starker Gefühle können die Betroffenen sich davon überzeugen, dass Gedanken, Gefühle, körperliche Reaktionen sowie Erinnerungen ungefährlich sind.

Neben der schriftlichen oder mündlichen Auseinandersetzung damit, was passiert ist, hängt die Angstbewältigung auch davon ab, die aus Angst vermiedenen, aber sicheren Situationen oder Aktivitäten wieder aufzusuchen bzw. aufzunehmen. Wenn Sie sich das vorstellen können, ist es sinnvoll, das Kapitel 6 durchzulesen und die vorgeschlagenen Übungen ins Auge zu fassen.

> **Zusammenfassung: Das tun, was die Angst nicht von einem will!**
>
> Angstgefühle fordern in Abhängigkeit von ihrer Stärke und der empfundenen Belastung zum Verlassen der Angst auslösenden Situation auf. Der Weg aus der Angst führt über die Auseinandersetzung mit ängstlich vermiedenen Situationen. Angst zu verarbeiten heißt also: Genau das zu tun, was die Angst nicht von einem will. Eine wichtige Einschränkung gilt jedoch immer: die Auseinandersetzung mit den heutigen Auslösern der Angst darf nur stattfinden, wenn keine wirklichen Gefahren drohen.

6 Lösungsversuche: Sicherheitsstrategien und Vermeidungsverhalten

Wie soll man bloß mit den Belastungen nach dem Trauma fertig werden? Diese Frage werden sich wahrscheinlich die meisten Menschen stellen, die unter einer PTB leiden. Jeder dieser Menschen unternimmt daher bestimmte Versuche, mit dem Trauma und seinen Folgen umzugehen. Nun haben wir im Kapitel über Angst (vgl. Kapitel 5) gesehen, dass *krankmachende* Angst nach einem Trauma zu bestimmten Verhaltensweisen auffordert. Nämlich, kurz gesagt, zu der Vermeidung der ängstigenden Situationen wie auch der Vermeidung der Symptome der Angst selbst. Wissenschaftler und Psychotherapeuten wissen aber, dass dieses Vermeidungsverhalten mit dazu beiträgt, dass die Angst und die anderen starken Gefühle nach dem Trauma nicht verarbeitet werden können. Vermeidungsverhalten ist also keine gute Lösung zur Bewältigung der Belastungen der PTB. Im Folgenden möchten wir genauer auf das Vermeidungsverhalten und dessen Behandlung eingehen. Verhaltenstherapeuten und -therapeutinnen sprechen in diesem Zusammenhang von Vermeidungs- und Sicherheitsverhalten. Grundsätzlich richtet sich die Vermeidung auf zwei sehr wichtige Bereiche:
- Die Verhinderung einer befürchteten erneuten Traumatisierung und
- den Umgang mit den Symptomen der PTB.

Beispiele:

Frau N. berichtet, dass ihr ein bestimmtes Duftbäumchen Angst macht. So ein Bäumchen hing im Unfallauto und wurde zu einem Auslöser für schmerzliche Wiedererinnerungen. Sie geht solchen Bäumchen aus dem Weg.

Frau M. steigt nur noch ungern ins Auto. Wenn sie in einem Auto sitzt, vermeidet sie unbedingt, sich hinter den Fahrer zu setzen. Überholt der Fahrer dreht sie ihre Schultern so, als wolle sie einem Auto ausweichen, das ihrem Auto in die Seite fährt. Dadurch werden Autofahrten zu einer Tortur.

Kasten 4: Weitere Beispiele für typisches Sicherheitsverhalten

- In der Nacht das Licht anlassen.
- Sich draußen ständig umschauen.
- Sich (zu Hause oder auf der Arbeit) einschließen.
- Bestimmte Orte nicht mehr (alleine) aufsuchen.
- Vermeidung von Auslösern.
- Abends spät ins Bett gehen (um z. B. Albträumen aus dem Weg zu gehen).
- Tabletten, Drogen oder Alkohol konsumieren, um Symptome zu unterdrücken.
- Sich ständig beschäftigen, um z. B. Erinnerungen aus dem Weg zu gehen.
- Aktivitäten aufgeben oder ihnen ausweichen, die vor dem Trauma wichtig und beliebt waren.
- Beim Autofahren als Beifahrer „mitbremsen".
- Häufig in den Rückspiegel schauen.

Ungünstiger gedanklicher Umgang mit dem Trauma

Die Auseinandersetzung mit dem Trauma kann auch auf gedanklicher Ebene vermieden werden. Zu ungünstigen Denkstrategien gehören alle gedanklichen Versuche, Wiedererinnerungen oder andere Symptome der PTB zu unterdrücken. Dazu gehört, dass Betroffene sich anstrengen, Gedanken über das Trauma aus dem Gedächtnis zu drängen oder ausgeprägtes Grübeln über bestimmte Aspekte des Traumas, in der Hoffnung eine bessere Lösung zu finden.

Beispiel:

Frau A. grübelt sehr häufig über ihre wahrgenommene Schuld für die Traumatisierung. Sie tut dies, um herauszufinden, was sie hätte anders machen können. Sie findet allerdings keine befriedigende Lösung.

6.1 Welche Nachteile haben das Sicherheitsverhalten und bestimmte Denkstrategien?

Vermeidungsverhalten und bestimmte Denkstrategien sind ein verständlicher Versuch, mit den Folgen des Traumas besser zurechtzukommen. Im Laufe der Zeit werden diese Verhaltensweisen für viele Betroffene zu einer zweiten

Haut. Sie gehören zu ihnen und sie sind überzeugt, dass diese Verhaltensweisen wichtig und richtig sind. Es wird aber auch deutlich, dass es den Betroffenen nicht gelingt, dauerhaft mit dem Trauma abzuschließen und weniger belastet weiterzuleben. Allenfalls tritt eine kurzfristige Entlastung ein. Die befürchteten Katastrophen sind nicht eingetreten, aber was ist mit der Lebensqualität? Irgendetwas kann an diesen Verhaltensweisen nicht stimmen, sonst müssten die Symptome der PTB doch weggehen? Wissenschaftler gehen davon aus, dass *das Vermeidungs-/Sicherheitsverhalten und die Denkstrategien die PTB aufrechterhalten*, obwohl sie von den Betroffenen zunächst als hilfreich erlebt werden. Das Sicherheitsverhalten und die Denkstrategien verschaffen allenfalls für eine kurze Zeit Linderung. Durch sie erreicht man keine Heilung der PTB, da eine wirksame Auseinandersetzung mit dem Trauma und seinen Folgen unterbleibt. Wissenschaftler und Psychotherapeuten wissen, dass eine Traumatisierung dazu führen kann, Alkohol, Medikamente und andere Drogen zu konsumieren, um die psychischen Belastungen zu reduzieren. So verständlich dies ist, der Weg in eine Suchterkrankung ist leichter als die Bewältigung der Sucht. Daher versuchen Sie bitte, Alkohol, Medikamente (sofern sie nicht von einem Arzt verschrieben sind) und Drogen nicht zu konsumieren. Suchen Sie sich Hilfe!

Betrachten wir nun anhand einiger Beispiele genauer, worin die Nachteile des Vermeidungsverhaltens bestehen:
- *Frau N.* erlebt Autofahrten als eine Tortur. Obwohl sie nicht mehr auf der Rückbank sitzt und obwohl sie die Schultern wegdreht, sobald der Fahrer überholt, fühlt sie sich nicht mehr sicher beim Auto fahren. Die dahinter liegende Befürchtung lautet: „Hinten auf dem Sitz könnte ich wieder verletzt werden. Überholmanöver sind gefährlich. Ich muss für mehr Sicherheit sorgen. Wenn ich mich nicht wegdrehe, kommt die schreckliche Angst wieder." Durch dieses Verhalten werden also zwei Befürchtungen aufrechterhalten: (1) „Es könnte wieder ein Unfall passieren und ich könnte verletzt werden. Das wäre schrecklich." und (2) „Die Angst wird mich überfallen. Angstsymptome sind unangenehm, ich halte sie kaum aus." Das Sicherheitsverhalten hilft ihr also nicht, zu begreifen, dass ein Unfall nicht notwendigerweise sofort wieder passiert, sobald sie (hinten) im Auto sitzt. Zudem lernt sie nicht ihre Angst zu bewältigen und macht nicht die Erfahrungen, dass die Angst verarbeitet werden kann und nicht immer wieder auftreten wird.
- *Frau A.* vermeidet es, mit einem Mann alleine in einem Raum zu sein. Sie lässt stets die Tür offen, sodass sie einen Fluchtweg hat. Zu Hause schließt sie die Haustür doppelt ab und öffnet nie ein Fenster vollständig. Es gelingt ihr aber nicht, sich dauerhaft in ihrer Welt sicher zu fühlen. Hinter

diesem Verhalten stecken zwei Denkfehler, die mit der Überschätzung von Gefahr zu tun haben. Durch die Traumatisierung erlebt Frau A. Männer als gefährlich und sieht sich in ihrer Wohnung als gefährdet an. Tatsache ist, dass Frau A. weder noch einmal traumatisiert wurde, noch lebt sie in einem Umfeld das besonders bedrohlich ist. Das Vermeidungsverhalten hilft ihr nicht, ihre Bedrohungswahrnehmungen zu verändern. Welche langfristigen Nachteile hat dieses Verhalten? Sie bleibt davon überzeugt, dass sie gefährdet ist und leidet darunter. Sie verliert den Blick für das Erkennen wirklicher Gefahren, da es ihr schwer fällt, auf eine ausgewogene Art und Weise zwischen Sicherheit und Bedrohung zu unterscheiden.

- *Frau Q.* trägt keine Jeans mehr und weicht allen Kontakten mit Männern so gut es geht aus. Ein Täter trug eine bestimmte Jeans. Seither erinnern sie Jeanshosen an das Trauma. Sie meidet den Blickkontakt mit anderen Menschen, da sie meint, man sehe es ihr an, was ihr angetan wurde. Dadurch gerät sie immer mehr in Isolation, entfernt sich von ihrem Freundeskreis und ist einsam. Das Haus zu verlassen, fällt ihr zunehmend schwer. Welche langfristigen Nachteile hat dieses Verhalten? Frau Q. lernt nicht, dass eine Jeans an sich keine akute Gefahr bedeutet, sondern ein Kleidungsstück ist wie jedes andere. Frau Q. lernt nicht, dass andere Menschen nicht notwendigerweise auf ihr erlittenes Trauma und auf sie selbst abwertend reagieren müssen, sobald sie sich mit ihnen trifft. Ihre selbstabwertenden Gedanken werden also aufrechterhalten.
- *Frau A.* hat ausgeprägte Schuldgefühle. Sie grübelt nur noch über einen bestimmten Moment des Traumas bzw. sucht nach Möglichkeiten, wie sie diesen schlimmen Moment hätte verhindern können. Andere Aspekte des Traumas blendet sie völlig aus: Die Umstände, unter denen dieser schlimme Moment passiert ist, werden genauso ausgeblendet, wie andere Tatsachen, die es ihr schwermachten, sich damals anders zu verhalten. Sie findet nicht mehr aus dem *Schuldlabyrinth* heraus. Dadurch kann Frau A. nicht aus eigener Kraft zu einer versöhnlicheren Haltung gegenüber sich selbst kommen. Welche Nachteile hat das Grübeln? Grübeln unterscheidet sich deutlich von ausgewogenem und zielgerichtetem Denken. Es führt nicht dazu, ein Problem abschließend zu lösen.
- *Frau U.* versucht angestrengt, nicht mehr an den erlittenen sexuellen Missbrauch und v. a. an ihre eigenen sexuellen Reaktionen damals zu denken. Manchmal nimmt sie dann Schlaftabletten, um wenigstens ein paar Stunden zur Ruhe zu kommen. Es gelingt ihr nicht, die Gedanken und körperlichen Reaktionen kommen immer wieder. Frau U. hat sich bisher außerdem noch kaum einem anderen Menschen anvertraut und über den erlittenen sexuellen Missbrauch nur andeutungsweise gesprochen. Welche Nachteile entstehen für Frau U.? Frau U. steht noch ganz am Anfang ihrer

Bewältigung des Traumas. Solange sie so weitermacht, werden die Symptome nicht verschwinden. Sie wird sich weiter des Traumas und ihrer Reaktionen wegen schämen und nicht lernen, dass andere Menschen es zu ihren Gunsten anders sehen. Außerdem wird es ihr nicht gelingen, sich selbst in einem versöhnlicheren Licht zu sehen.

Sie können den Beispielen entnehmen, dass die beschriebenen Lösungsversuche den Betroffenen nicht helfen, mit dem Trauma abzuschließen. Sie sind in einem Teufelskreis aus belastenden Symptomen und ungünstigen Bewältigungsversuchen gefangen. Abbildung 4 veranschaulicht diesen Teufelskreis.

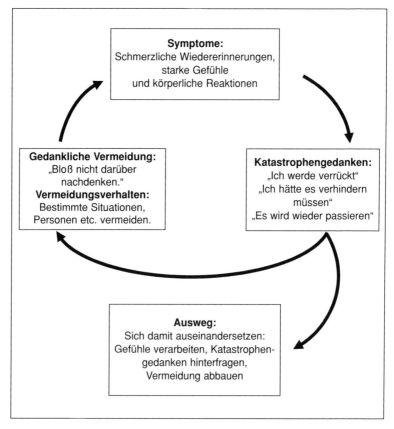

Abbildung 4: Teufelskreis aus Symptomen, deren Bewertung und Vermeidungsverhalten

6.2 Wie kann das Vermeidungsverhalten verändert werden?

Wie also den beschriebenen Teufelskreis durchbrechen? Im Umgang mit langfristig ungünstigem Vermeidungsverhalten gilt Ähnliches wie im therapeutisch wirksamen Umgang mit Angst: Das tun, was das Gefühl bzw. die Befürchtungen *gerade nicht* von einem wollen. Der Königsweg der Bewältigung der PTB besteht also auch hier aus einer konfrontativen Auseinandersetzung. Verhaltenstherapeuten nennen Übungen, die das Vermeidungsverhalten abbauen sollen „Konfrontation in vivo" bzw. Verhaltensexperimente: Beide Methoden sollen Ihnen helfen, ungünstige Verhaltensweisen abzubauen.

> **Beispiele:**
>
> *Frau N.* bringt in die Therapie ein Duftbäumchen mit. Es hat genau die Duftnote, wie das Duftbäumchen im Unfallauto. In der Sitzung hält sie es sich solange unter die Nase, bis sie merkt, dass keine Bilder mehr ausgelöst werden und die Angst verschwindet. Im Anschluss an die Sitzung hängt ihre Schwester das Bäumchen ins Auto. Was Frau N. aber nicht mehr stört, da sie diesen Auslöser bewältigt hat. Frau N. geht dann mit ihrer Therapeutin in ein Autohaus, um den Autotyp des Unfallautos zu finden und sich der Angst zu stellen, die ihr diese Autos machen. Zunächst stellt sie sich nur neben das Auto und betrachtet es. Dies tut sie solange, bis sie merkt, dass die Angst verschwindet. Danach macht sie noch Folgendes: Sie setzt sich zunächst vorne in das Auto. Nachdem diese Angst bewältigt ist, wagt sie sich an die schwierigste Situationen: Sie setzt sich auf die Rückbank hinter den Fahrersitz. Also dorthin, wo sie saß, als der Unfall passierte. Auch diese Situation meistert sie. Nach etwa einer halben Stunde ist die Angst so weit zurückgegangen, dass Frau N. mit dem Ergebnis zufrieden ist.
>
> *Frau A.* lernt sich in der Therapie mit den schlimmen Erfahrungen auseinanderzusetzen, die Schuldgefühle auslösen. Sie lernt auch aus eigener Kraft eine neue Sichtweise zu entwickeln und kann deshalb das Grübeln aufgeben. Frau A. baut auch ihr beschriebenes Sicherheitsverhalten ab. Sie weiß ja bereits, dass sie ihren männlichen Kollegen vertrauen kann. Daher schließt sie die Tür hinter sich, wenn sie mit Kollegen in einem Raum ist. Zuhause schließt sie die Tür nur einfach ab und lässt auch mal ein Fenster offen. Sie erlebt diese Übungen als hilfreich bei der Bewältigung ihrer Angst und fühlt sich freier.

Frau Q. geht es sehr schlecht. Sie ist so stark von ihrer Angst beeinträchtigt, dass die Therapeutin mit ihr zusammen die Angst machende Situation aufsucht. Frau Q. traut es sich alleine nicht zu. Sie meidet seit dem Trauma, Jeans zu tragen. Also gehen die Therapeutin und Frau Q. in ein Jeansgeschäft und suchen zunächst das Modell, das ihr Angst macht. Danach schaut sie sich die Jeans genau an. Dies macht ihr sehr große Angst, aber nach etwa 20 Minuten hat sie sich wieder beruhigt und erlebt die Jeans als weniger beängstigend. Da eine Wiederholung der Übung wichtig ist, gehen beide gleich darauf in ein anderes Jeansgeschäft. Dort macht die Jeans ihr keine Angst mehr. Nach wenigen Tagen ist sie in der Lage wieder ihre Jeans zu tragen, was sie als einen großen Erfolg erlebt.

Frau U. lernt in der Therapie über ihre Scham zu sprechen. Dazu gehört für sie auch zu verstehen, dass viele Opfer sich sehr schämen. Durch einige Gespräche über ihre Schamgefühle kann sie langsam auch preisgeben, weswegen sie sich schämt und sich auf die Therapie einlassen. Damit kann Frau U. beginnen, ihr Trauma zu bewältigen. Ein erster Schritt ist geschafft!

6.3 Geben Sie sich die Chance, neue Erfahrungen zu machen

Wie beschrieben stecken die betroffenen Menschen in einem Teufelskreis (vgl. Abb. 4) fest. Es wird einfach nicht besser, für manche wird es vielleicht jedoch noch schlimmer werden, wenn der Teufelskreis nicht durchbrochen wird. Im Moment ist es wichtig zu verstehen, dass die gewählten Strategien nicht zur Entkräftigung der Befürchtungen oder einer Verminderung der Symptome beitragen. Es kann durchaus sinnvoll sein, wenigstens einige der Lösungsversuche abzubauen. Dazu ist es zunächst einmal notwendig, sie ausfindig zu machen. Es geht nicht darum, das gesamte Sicherheitsverhalten über Bord zu werfen. Vielmehr sollten Sie sich fragen, ob Sie bereit sind, das eine oder andere Sicherheitsverhalten zu verändern, um neue (und bessere!) Erfahrungen machen zu können. Sie hatten bisher gute Gründe, das Vermeidungs- und Sicherheitsverhalten auszuüben. Das Aufgeben dieses Verhaltens wird Gefühle wecken, die Sie vielleicht als beängstigend erleben. Geben Sie sich und Ihren Gefühlen Zeit, sich an die Veränderungen zu gewöhnen. Veränderung braucht Zeit und Geduld. Kleine Veränderungen sind auch schon Schritte in die richtige Richtung.

Lösungsversuche: Sicherheitsstrategien und Vermeidungsverhalten 59

> **Übung:** **Das Vermeidungsverhalten ausfindig machen**
>
> **Fragen Sie sich:**
>
> - Was mache ich seit dem Trauma anders?
> - Auf was verzichte ich?
> - Was habe ich mir neu angeeignet?
> - Was versuche ich damit zu verhindern?
> - Wem oder was gehe ich aus dem Weg? Wann und wo mache ich dies?
> - Gibt es Ausnahmen?
> - Wann ist dieses Verhalten besonders wichtig?
> - Was versuche ich damit zu verhindern?
> - Falls das Trauma bereits in der Kindheit passierte: Was mache ich „schon immer" anders als andere Menschen? Was versuche ich damit zu verhindern?
> - Grüble ich viel über bestimmte Dinge? Welche Frage versuche ich damit zu beantworten?
>
> **Mein Sicherheitsverhalten:**
>
> _____
>
> _____
>
> _____
>
> _____
>
> **Meine Denkstrategien:**
>
> _____
>
> _____
>
> _____
>
> _____

Mut zur Veränderung? An dieser Stelle haben Sie wahrscheinlich Einblick in Ihr Vermeidungs- und Sicherheitsverhalten gewonnen. Sie sollten sich nun in einem zweiten Schritt darüber klar werden, welche Verhaltensweisen Sie verändern möchten bzw. derzeit verändern können.

Übung:	Mut zur Veränderung?

Fragen Sie sich:

- Auf was kann ich zurzeit auf keinen Fall verzichten?
- Welches Sicherheitsverhalten könnte ich derzeit aufgeben?
- Gibt es Belege, dass ich auch ohne ein bestimmtes Sicherheitsverhalten sicher bin?
- Gibt es Dinge, die ich wieder wie vor dem Trauma machen könnte oder möchte?
- Könnte ich die auftretende Angst in meiner aktuellen Lebenssituation verkraften?
- Gibt es jemanden, den ich bitten könnte, mir beim Abbau des Sicherheitsverhaltens zu helfen?
- Gibt es jemanden, dem ich vertraue und der mich schätzt, mit dem ich über mein Trauma reden könnte?

Bitte beachten Sie: Falls Sie sich nicht sicher sind, ob es wirklich ungefährlich ist, ein bestimmtes Sicherheitsverhalten aufzugeben, fragen Sie andere Menschen und orientieren Sie sich an deren Erfahrungen.

Meine Antwort:

_____

_____

_____

_____

> **Merke:**
>
> Gehen Sie niemals an Orte, die auch von anderen, nicht traumatisierten Menschen vermieden werden. Es geht hier nicht darum, das Schicksal herauszufordern, sondern sich in sicheren Situationen mehr Lebensqualität zurückzuerobern.

Wenn Sie an Ihrem Sicherheitsverhalten arbeiten möchten, können Sie folgendermaßen vorgehen:
- Erstellen Sie eine Liste von Situationen oder Tätigkeiten, die Sie gerne wieder aufsuchen bzw. ausführen würden.
- Suchen Sie sich als Übung solche Situationen oder Tätigkeiten aus, die nur *leichte* Angst machen.
- Wählen Sie eine Situation/Tätigkeit aus und gehen Sie in diese Situation hinein bzw. führen Sie sie aus. Verbleiben Sie in der Situation bzw. mit der Tätigkeit beschäftigt, bis Sie merken, dass die Angst abnimmt und Sie sich wohler fühlen. In der Regel sollten Sie die Übungen ungefähr 45 Minuten ausführen.
- Wiederholen Sie die Situation/Tätigkeit solange, bis Sie merken, dass Sie sie wieder ohne Angst und alleine ausüben können.
- Danach können Sie sich entscheiden, ob Sie auch noch andere Situationen/Aktivitäten aufsuchen bzw. ausführen wollen.
- Bei allen Übungen können Sie zu Beginn eine Ihnen vertraute Person mitnehmen, die Ihnen hilfreich zur Seite steht. Im Laufe der Zeit sollten Sie aber versuchen, diese Situationen/Tätigkeiten alleine zu meistern.

Im Anhang (vgl. S. 161) finden Sie das Arbeitsblatt „Überprüfung des Verlaufes der Angst", welches Sie für die beschriebenen Übungen zu Hilfe nehmen können.

> **Achtung:**
>
> Es erwartet niemand von Ihnen, dass Sie Ihr Sicherheitsverhalten alleine abbauen. Wenn Sie es sich allein nicht vorstellen können, dann suchen Sie sich eine Therapeutin, die Sie dabei unterstützt.

7 Wie entstehen Gefühle? Das ABC-Modell des Denkens, Fühlens und Handelns

Denken, Fühlen und Handeln stellen eine Einheit dar und beeinflussen sich gegenseitig. Heute wird dem Denken eine hohe Bedeutung bei der Entstehung von Gefühlen und Verhalten beigemessen. Diese Zusammenhänge sind so grundlegend, dass sie anhand des so genannten ABC-Modells näher dargestellt werden sollen.

> **Ausgangssituation (A) → Bewertung (B) → Konsequenz (C)**
> **(C = engl.: consequence)**

Das so genannte ABC-Modell geht davon aus, dass Gefühle und Verhaltensweisen (kurz: C) als Konsequenz einer bestimmten Bewertung (kurz: B) entstehen. Die Bewertung B stellt die persönliche Sichtweise, Schlussfolgerungen und erwartete Konsequenzen einer Ausgangssituation (kurz: A) dar. Die Bewertungen färben unsere Sicht der Dinge und sorgen dafür, dass Menschen in ähnlichen Situationen unterschiedlich fühlen und sich unterschiedlich verhalten. Dies bedeutet auch, dass eine bestimmte Situation, die man erlebt, nicht an sich „gut" oder „schlecht" bzw. „schön" oder „schrecklich" ist. Vielmehr erhält eine Situation A durch die Bewertungen B erst ihre Qualität als „gut" oder „schlecht" etc. Bei einer Traumatisierung ist die Ausgangssituation A also das Trauma, bzw. die Erinnerungen an das Trauma. Ein solches Erlebnis oder die Wiedererinnerungen sind natürlich etwas Schlimmes. Wichtig ist aber zu verstehen, dass die eigene Bewertung des an sich schon schlimmen Traumas alles noch schlimmer machen kann.

Wie Sie den Beispielen in Tabelle 2 entnehmen können, wird die Ausgangssituation A auf sehr unterschiedliche Weise interpretiert. Dadurch konnten drei unterschiedliche Gefühle entstehen, nämlich Freude, Angst und Ärger. Zudem zeigte jede der drei Personen in den Beispielen ein anderes Verhalten. Die *Art* der Bewertung entscheidet also über die *Art* des Gefühls. Gefühle unterscheiden sich jedoch nicht nur untereinander. Jedes Gefühl kann auch noch unterschiedlich *stark* sein. Wie stark ein Gefühl erlebt wird, hängt von der *Stärke* der *körperlichen Aktivierung* in der Situation A ab. Schauen Sie sich noch einmal die drei unterschiedlichen Reaktionen in Tabelle 2 an. Die betroffene Person erlebt entweder Freude, Angst oder Ärger. Die Gefühle wird sie umso stärker erleben, je stärker der Körper in der Situation reagiert. Löst die Ausgangssituation starkes Herzklopfen aus, wird das Gefühl Freude,

Tabelle 2: Beispiele wie Bewertungen über Ihre Gefühle und Ihr Verhalten entscheiden

A Ausgangs-situation	B Bewertung	C Konsequenz: Gefühl	C Konsequenz: Verhalten
Ein Auto hinter Ihnen hupt.	Oh, vielleicht ist das jemand, den ich kenne. Vielleicht will er grüßen. Ich dreh mich mal um.	Freude	Sie drehen sich um und versuchen, den hupenden Fahrer zu entdecken.
Ein Auto hinter Ihnen hupt.	Oh, gleich knallt es. Ich werde bestimmt überfahren.	Angst	Sie springen zur Seite.
Ein Auto hinter Ihnen hupt.	So ein Rüpel! Wie kann man in einem Wohngebiet nur hupen. Es ist Mittagszeit!	Ärger	Sie drehen sich um und schauen den hupenden Fahrer verärgert an.

Ärger oder Angst stärker erlebt, als wenn es nur zu einer leichten Aktivierung kommt. Das heißt aber auch, dass Gefühle sich in etwa die gleichen körperlichen Reaktionen „teilen". Erst die Bewertung entscheidet über die Art des Gefühls. Bitte versuchen Sie diesen Zusammenhang so gut wie möglich zu verstehen. Er ist sehr wichtig für Sie.

> **Merke:**
> Gefühle werden durch Bewertungen in einer bestimmten Situation beeinflusst. Die Stärke eines Gefühls wird durch das Ausmaß der körperlichen Aktivierung bestimmt. Meistens gilt der Zusammenhang: Je stärker die körperliche Aktivierung, desto stärker das Gefühl. Bei den beiden Gefühlen Niedergeschlagenheit und Trauer gilt ein umgekehrter Zusammenhang. Diese beiden Gefühle sind durch den Verlust körperlicher Aktivierung gekennzeichnet.

> **Übung:** **ABC-Modell**
>
> **Fragen Sie sich:**
> Wann habe ich kürzlich mit einem bestimmten C auf ein bestimmtes B in einer bestimmten Situation A reagiert?
>
> **Meine Antwort:**
>
> | A | B | C | C |
> |---|---|---|---|
> | Ausgangssituation | Bewertung | Konsequenz: Gefühl | Konsequenz: Verhalten |
> | ___ | ___ | ___ | ___ |
> | ___ | ___ | ___ | ___ |
>
> **Fragen Sie sich:**
> Welches B würde in genau derselben Situation A zu einem anderen C führen?
>
> **Meine Antwort:**
>
> | A | B | C | C |
> |---|---|---|---|
> | Ausgangssituation | Bewertung | Konsequenz: Gefühl | Konsequenz: Verhalten |
> | ___ | ___ | ___ | ___ |
> | ___ | ___ | ___ | ___ |

Üben Sie dieses ABC-Modell täglich in Alltagssituationen. Es kommt nicht darauf an, Ihre Bewertungen und Reaktionen in außergewöhnlichen Situationen zu beobachten. Kleinigkeiten im Alltag sind voller B's und C's. Im Anhang (vgl. S. 162) finden Sie dazu das Arbeitsblatt „ABC-Modell".

Welche Bewertungen führen zu welchen Gefühlen und welchem Verhalten?

Der Zusammenhang zwischen Bewertungen und Gefühlen ist so eng, dass man mit etwas Training recht zielsicher von einem bestimmten C-Gefühl oder auch C-Verhalten bei einem anderen Menschen oder bei sich selbst auf die damit zusammenhängenden B's schließen kann. Psychotherapeuten haben dieses Training und können Ihnen daher gut bei der Bewältigung Ihrer Gefühle helfen. Da bestimmte B's in unendlich vielen Situationen auftreten können, aber immer zu ganz bestimmten C's führen, verkürzen wir zur Erklärung des engen Zusammenhanges von B und C das ABC-Modell für einen Augenblick auf diese Komponenten (vgl. Tab. 3).

Tabelle 3: Der Zusammenhang zwischen Bewertungen, Gefühlen und Verhalten

B	C – Gefühl	C – Verhalten
Etwas bedroht mich	Angst	Flucht, Kampf oder Dissoziation
Ich bin verantwortlich für ein schlimmes Ereignis.	Schuldgefühl	Entschuldigen oder wieder gutmachen.
Ich bin verantwortlich für ein schönes Ereignis.	Freude	Lachen
Ich habe etwas Peinliches getan und habe Angst, dass andere davon erfahren.	Scham	Ich wende den Blick ab oder ziehe mich zurück.
Ich denke mir wird etwas vorenthalten auf das ich ein Recht habe.	Ärger	Ich schimpfe oder schaue böse.

Menschen nehmen in der Regel eher ihre Gefühle wahr als die damit zusammenhängenden Bewertungen. Das heißt auch, dass nicht alle Bewertungen leicht zu benennen sind. Im Laufe des Lebens entwickeln wir in Alltagssituationen Denk- und damit auch Gefühlsroutinen, die wir ohne viel bewusste Aufmerksamkeit immer wieder durchdenken und durchleben. Auf diese Weise entstehen zum Beispiel Stimmungen, die einfach so da zu sein scheinen. Beim genaueren Hinsehen findet man aber Denkroutinen, die zu diesen Stimmungen führen müssen.

8 Bewertungen des Traumas und seiner Folgen

Für die Menschen, die nach dem Trauma eine PTB entwickelt haben, ändert sich vieles – auch das Denken. Wissenschaftler wissen, dass das Denken über das Trauma sich bei den Menschen, die ein Trauma relativ gut verkraften, deutlich von denen unterscheidet, die unter einer PTB leiden. Viele Menschen mit einer PTB sind so stark durch das Trauma erschüttert, dass sie beginnen sehr schlecht über sich, ihre Welt und ihre Zukunft zu denken. Menschen ohne PTB hingegen, sehen in einem Trauma eine Erfahrung, die zwar schlimm war, aber nicht notwendigerweise starke negative Folgen für ihr weiteres Leben haben muss. Weiterhin ist Wissenschaftlern bekannt, dass das negative Denken über sich selbst, andere Menschen und die Welt mit dazu beiträgt, dass die PTB aufrechterhalten bleibt, d. h. nicht mehr von alleine verschwindet. Jeder Traumatisierte entwickelt eine eigene Sichtweise des Traumas. Die Art und Weise, wie das Trauma bewertet wird, hängt unter anderem auch davon ab, wie die Betroffenen *gewöhnlich* über sich und die Welt denken. Wir gehen also auch bei der Bewältigung eines Traumas davon aus, dass Denkroutinen eine Rolle spielen.

Beispiele:

Frau A. quält sich mit Schuldgefühlen herum. Sie meint für bestimmte schreckliche Einzelereignisse während eines länger andauernden Martyriums verantwortlich zu sein. Frau A. sucht nach negativen Ereignissen gewöhnlich die Schuld bei sich. Das heißt, sie sucht den Grund für Probleme am Arbeitsplatz oder in der Familie zunächst einmal bei sich. Andere Ursachen der Probleme blendet sie aus. Diesen Denkstil hat sie sich früh in der Kindheit angeeignet. Daher verwundert es auch nicht, dass sie auch die Verantwortung für das Trauma bei sich sucht.

Herrn B. kann man es nicht so einfach recht machen. Er fährt leicht aus der Haut, wenn andere in seinen Augen einen Fehler machen. Nach dem Autounfall ist es ihm zunächst sehr wichtig, dem anderen Verkehrsteilnehmer Fehler nachzuweisen. Er beginnt einen langwierigen Rechtsstreit, obwohl er durch die PTB sehr beeinträchtigt ist. In der Therapie schimpft er über die Dummheit der anderen Unfallpartei, der Polizei und der Versicherung.

Herr C. war vor dem Trauma ein gesunder, leistungsfähiger Mensch. Seit dem Geiseldrama in seiner Bankfiliale ist Angst ein wichtiges Thema in seinem Leben geworden. Er fühlt sich in unübersichtlichen Situationen sehr schnell bedroht und ergreift die Flucht. An die Rückkehr zum Arbeitsplatz in der Bank war vor der Therapie nicht zu denken. Er befürchtete, dass seine Filiale wieder überfallen werden könnte und bekam Angstanfälle, wenn er sich der Bank nur näherte.

Die beiden Patienten A. und B. bewerten das erlebte Trauma sehr unterschiedlich. Bei Frau A. stehen eher Schuldvorwürfe und -gefühle im Vordergrund, während Herr B. sich sehr über den Unfall ärgert. Beide leiden aber unter einer PTB. Beide reagieren auf das Trauma mit einem „Thema", das sie gut kennen: Schuld bzw. Ärger. Vermutlich treten diese Gedanken schon fast automatisch auf, wenn sie sich in Situationen begeben, die sie an das Trauma erinnern. Bei Herrn C. ist es etwas anders. Angst wurde erst nach dem Trauma zu seinem Thema. Bisher fühlte er sich sicher in seiner Welt. Aber auch bei ihm treten die Bedrohungswahrnehmungen und Angstgefühle sehr rasch auf, sobald er an den Überfall erinnert wird.

Wann sind Bewertungen problematisch?

Denkroutinen sind uns so vertraut, dass wir sie für eine korrekte Bewertung der Außenwelt, unserer eigenen Person oder unserer Zukunft halten. Dies ist aber in den Augen von Verhaltenstherapeuten ein Irrtum. Sie gehen von folgendem Zusammenhang aus:

Bewertungen ≠ Tatsachen

Fallen Bewertungen sehr negativ aus, Verhaltenstherapeuten benutzen hierfür gerne den Begriff „Katastrophengedanken", dann sind die entstehenden Gefühle negativ und schmerzlich. Bewertungen sind im Allgemeinen dann problematisch, wenn sie zu hohen gefühlsmäßigen Belastungen führen und das Verhalten einschränken. Bewertungen, die keine vernünftige Beschreibung der Tatsachen darstellen, sind in der Regel ungültige und unzuverlässige Bewertungen der erlebten Tatsachen.

8.1 Warum sind die Gefühle nach einem Trauma so stark?

Die Belastungen mit denen Menschen nach einem Trauma fertig werden müssen, sind in der Regel hoch: Es sind z. B. Dinge neu zu regeln, Aussagen bei der Polizei zu machen, Verletzungen müssen abheilen, rechtliche Fragen müssen geklärt werden etc. Unter diesen schwierigen Umständen denken die meisten dann auch noch über ein Trauma und seine Folgen nach. Die erlebte Belastung beeinflusst die Ausgangssituationen A in denen Bewertungen zum Trauma und seinen Konsequenzen auftreten. Katastrophengedanken sind dann fast nicht zu verhindern.

Schauen wir uns das ABC-Modell unter Belastung noch einmal genauer an. Die Art der Bewertung bestimmt also die *Art des Gefühls* (Liebe, Angst, Schuldgefühl, Scham, Trauer etc.). Das Ausmaß der körperlichen Belastung (z. B. Herzrasen vs. leichtes Herzklopfen) hingegen bestimmt die *Stärke des Gefühles* (unsterblich verliebt vs. jemanden gern haben; Todesangst haben vs. sich vor etwas fürchten, vor Scham in den Boden versinken vs. etwas leicht peinlich finden). Gefühle nach einem Trauma sind in der Regel negativ. Es geht nicht um Glücksgefühle, Freude oder Gelassenheit, sondern um Gefühle der Angst, Trauer, Schuld oder Scham etc. Solche Gefühle entstehen, wenn negative Bewertungen getroffen werden. Ausschlaggebend ist weiterhin, dass es bei den Bewertungen nicht nur darum geht, eine Überzeugung zu teilen oder nicht, sondern auch darum, wie stark man von (der Gültigkeit oder Zuverlässigkeit) dieser Überzeugung geprägt ist. Um das Ausmaß negativer Bewertungen besser beschreiben zu können, möchten wir an dieser Stelle den Begriff des Schadens ins Spiel bringen. Unter einem *Schaden* verstehen wir eine durch ein Trauma tatsächlich eingetretene schlimme Folge oder eine befürchtete schlimme Folge bei sich selbst oder anderen Menschen. Der Verlust der Gehfähigkeit wäre zum Beispiel ein großer Schaden, der durch ein Unfalltrauma entstehen könnte. Ein befürchteter Schaden könnte genau eben dieser Verlust der Gehfähigkeit sein, der während des Traumas erwartet wird (da das Bein eingeklemmt ist), aber nicht notwendigerweise später auch eintritt. Das heißt, in diesem Fall befürchtet die betroffene Person zunächst, ihr Bein würde dauerhaft beschädigt werden (befürchteter Schaden). Im Nachhinein stellt sich aber heraus, dass es zu keinen bleibenden Schäden kommt (tatsächlicher Schaden). Negative Bewertungen entstehen also dann, wenn ein Schaden wahrgenommen wird. Der befürchtete Tod ist natürlich in der Regel ein großer Schaden für die betroffene Person. Dementsprechend muss der Betroffene Todesangst erleben. Hielt man den Schaden allerdings für geringer, fällt die Angst nach einer Bedrohungswahrnehmung schwächer aus. Ein anderes Beispiel: Schuldgefühle sind dann besonders stark, wenn man felsenfest der Überzeugung ist, dass man 100 % für einen schlimmen Unfall verantwortlich ist (= hoher persönlicher Schaden). Meint man hingegen die Hauptursache für den Unfall an anderen Dingen festmachen zu können (= niedriger persönlicher Schaden), so ist das Schuldgefühl schwächer oder gar nicht vorhanden. In diesem Fall ist also die Überzeugung über die eigene Mitverantwortung nur gering.

Zusammenfassung:

Die Belastung durch ein Trauma ist in der Regel groß, die schmerzlichen Bewertungen sind aufgrund eines wahrgenommenen Schadens oft sehr negativ und werden für eine zuverlässige und gültige Sichtweise gehalten. Daher kann das daraus entstehende negative Gefühl nur stark sein. Starke Gefühle gehen meist mit starken körperlichen Reaktionen einher.

In der Regel sind die Gefühle nach einem Trauma stärker als die, die wir im Alltag erleben. Fügen wir die Größe des wahrgenommenen Schadens in das Erklärungsmodell starker Gefühle ein, so entsteht jetzt folgendes Bild: Starke negative Gefühle (C) entstehen auch durch negative Bewertungen (B) in der Situation (A). B fällt umso katastrophaler aus, je größer der wahrgenommene Schaden für sich selbst oder für andere Menschen ist oder wahrgenommen wird. Das Ausmaß der bestehenden Belastung in der Ausgangssituation erleichtert katastrophale Bewertungen und Wahrnehmungen.

Übung: Gefühle einschätzen

Fragen Sie sich:
Welche Gefühle sind bei mir nach dem Trauma besonders stark?

Meine Antwort:
Meine Problemgefühle: Stärke der Problemgefühle
                                      von 0 bis 10:

_____

_____

_____

_____

Wir möchten Ihnen nun an verschiedenen Beispielen die beschriebenen Zusammenhänge nochmals verdeutlichen. Sie werden sehen, dass die Stärke der Gefühle stark von den besprochenen Komponenten, also den Bewertungen, der körperlichen Aktivierung und dem (befürchteten) Schaden, abhängig ist (vgl. Tab. 4).

Tabelle 4: ABC-Modell bei Patientinnen mit einer PTB und in Alltagssituationen

Ausgangs-situation (A)	Bewertung von A	Körperliche Aktivierung	Art und Stärke des Gefühls	(befürchteter) Schaden
Traumatische Situationen:				
Auto rast auf Sie zu.	Der ist zu schnell, er wird nicht bremsen können. Das ist das Ende!	Herzrasen, Übelkeit, Schweißausbruch	Todesangst, 10	Hoch
Der Bruder muss als Kind ins Heim.	Seither hat er einen Knacks. Ihm fehlte so viel, was er gebraucht hätte.	Tränen, Übelkeit, Unruhe	Schuldgefühl, 8	Hoch
Patientin würde gerne über ihr erlittenes Trauma mit dem Partner reden.	So was darf in der Familie nicht passieren. Ich schäme mich für meinen Vater.	Erröten, Tränen	Schamgefühl, 8	Hoch
Gewalt in der Partnerschaft dauert Jahre an.	Ich hätte früher gehen sollen! Die Kinder haben so sehr gelitten.	Unruhe, Druck auf der Brust, Tränen, Schwere im Körper	Schuldgefühl, 9	Hoch

Tabelle 4 (Fortsetzung): ABC-Modell bei Patientinnen mit einer PTB und in Alltagssituationen

Ausgangs-situation (A)	Bewertung von A	Körperliche Aktivierung	Art und Stärke des Gefühls	(befürchteter) Schaden
Alltagssituationen:				
Der Schwester etwas Verletzendes sagen.	Es gab keinen Grund ihr das vorzuhalten. Sie kann doch nichts dafür.	Leichter Druck im Magen, Druck auf der Brust	Schuldgefühl, 4	Mittel
Einen Freund versetzen.	Das hätte nicht passieren dürfen.	Leichter Druck im Magen	Schuldgefühl, 3	Niedrig
Auto fährt bei Rot über die Ampel. Passanten müssen zur Seite springen.	Beinahe wäre jemand überfahren worden. Das wäre schrecklich!	Herzrasen, weiche Knie	Angst, 4	Niedrig
Sie sitzen mit einem Fleck auf dem Pulli in einer Besprechung.	Hoffentlich sieht das niemand, wie peinlich. Ich hätte vorher in den Spiegel schauen sollen.	Leichte Röte im Gesicht, Unruhe	Scham, 4	Mittel

8.2 Der Kopf ist rund, damit das Denken die Richtung ändern kann

Für Verhaltenstherapeuten ist nichts aus sich heraus einfach gut, schrecklich, schön oder schlimm. Im Gegenteil, sie gehen davon aus, dass die *Bewertungen* einer bestimmten Ausgangssituation erst dazu führen, dass etwas als gut, schrecklich, schön oder schlimm wahrgenommen wird. Die *Bewertung der Ausgangssituation* bestimmt dann wie man sich fühlt und was man tut. Bei einer Traumatisierung ist die Ausgangssituation also das Trauma. Ein solches Erlebnis ist natürlich etwas Schlimmes. Wichtig ist aber zu verstehen, dass die eigene Bewertung des an sich schon schlimmen Traumas alles noch schlimmer machen kann. Diese Annahme ist ganz wichtig für die Psychotherapie: Gefühlsmäßige Belastungen lassen sich dann reduzieren, wenn das Denken sich ändern kann. Das Denken kann wiederum dann verändert werden, wenn man sich mit der Ausgangssituation auseinandersetzt, die zu dem negativen Denken führte.

> **Merke:**
> Das Trauma war eine schlimme Erfahrung. Es kann gut sein, dass Sie mit Ihrem eigenen Denken das Trauma und seine Folgen noch viel schlimmer machen. Das Trauma können Sie nicht mehr rückgängig machen. Sehr wohl können Sie Ihr Denken und Verhalten verändern.

Angemessene Bewertung des Traumas

Aus unserer Sicht ist eine Bewertung des Traumas dann angemessen, wenn es den Betroffenen jetzt leichter fällt, in ihrem aktuellen Leben zurechtzukommen. Tabelle 5 liefert hierfür einige Beispiele.

Tabelle 5: Beispiele für unangemessene vs. angemessene Bewertungen des Traumas/der Folgen

	Unangemessene Bewertung	Angemessene Bewertung
Frau A.	Ich bin Schuld. Ich hätte verhindern müssen, dass er mich verschleppt.	Auch, wenn ich das ein oder andere falsch gemacht habe. Die Verantwortung für das Trauma liegt beim Täter.

Tabelle 5 (Fortsetzung): Beispiele für unangemessene vs. angemessene Bewertungen des Traumas/der Folgen

	Unangemessene Bewertung	Angemessene Bewertung
Herr B.	Das sind alles Hornochsen. Die machen nichts richtig!	Schade, aber Menschen machen nun mal Fehler. Es bringt mich nicht weiter, dauernd auf alle zu schimpfen. Davon geht es mir nicht besser. Ich will mich jetzt um meine eigenen Probleme kümmern.
Herr C.	Ich darf auf keinen Fall mehr in die Bank. Dort könnten wir wieder überfallen werden. Noch einmal stehe ich das nicht durch!	Die Bedrohung sitzt in meinem Kopf. Die Wahrscheinlichkeit, dass wieder was passiert, ist sehr gering. Alles was mit der Bank zu tun hat, macht mir Angst. Die Bank kann nichts dafür. Ich will jetzt lernen, meine Angst zu bewältigen.

8.3 Die eigenen Bewertungen erkennen und verändern lernen

Auch Sie werden das Trauma auf eine bestimmte Art und Weise bewerten und sich dementsprechend fühlen. Die Bewertungen entsprechen entweder einem Thema bzw. einer Denkroutine, welches bzw. welche Sie bereits kennen, oder die Bewertungen sind durch das Trauma entstanden und betreffen nur jenes und die dadurch beeinträchtigten Lebensbereiche. Der erste Schritt zur Veränderung besteht darin, das eigene Denken kennenzulernen. Wir wollen Ihnen nun in den folgenden Kapiteln anhand ausgewählter negativer Bewertungen, von denen viele Traumatisierte berichten, beschreiben, wie man das Denken verändern kann.

> **Wichtig:**
> Es kann durchaus sehr mühsam sein, das eigene Denken aus eigener Kraft verändern zu wollen. Es gibt einige Traumatisierte, die sich damit extrem schwer tun. Wenn es Ihnen schwer fällt, neue Sichtweisen des Traumas und seiner Folgen zu entwickeln oder als gültig zu erleben, lassen Sie sich davon nicht entmutigen. Sondern suchen Sie sich Hilfe.

9 Was sind Schuldgefühle?

Psychotherapeuten sprechen dann von *krank machenden* Schuldgefühlen, wenn Sie die Verantwortung für das Trauma oder dessen Folgen übernehmen und nicht mehr in der Lage sind die Mitverantwortung oder die hauptsächliche Verantwortung dort wahrzunehmen, wo sie hingehört: Nämlich beim Täter, anderen Menschen, die das Trauma nicht verhinderten oder duldeten und Umständen, die das Trauma möglich machten. Während also unbeteiligte Beobachter, wie die Therapeutin, die Verantwortung auf verschiedenen Ebenen sieht und Ihnen zu vermitteln sucht, sehen Sie bei sich die Hauptverursachung für das Trauma.

Was könnte dies für einen Sinn haben? Schuldgefühle entstehen nach einer Traumatisierung, wenn Sie versuchen, das Geschehene für sich zu verstehen. Alle Menschen versuchen, Kontrolle über ihr Leben zu haben. Hierzu ist es wichtig, die Ursachen für ein negatives Ereignis zu kennen. Sobald die Ursache oder zumindest die Teilursachen bei der eigenen Person liegen, ergibt sich zumindest theoretisch die Möglichkeit, ein gefürchtetes, zukünftiges negatives Ereignis zu verhindern. Natürlich ist dies sehr sinnvoll. Leider führen aber krank machende, sehr starke Schuldgefühle manchmal dazu, dass die Betroffenen nicht über das erlebte Trauma hinwegkommen und sehr belastet sind. Häufig grübeln die Betroffenen viel über sich und die Schuldfrage. Dies kann zu gefühlsmäßigen Belastungen, insbesondere zu Niedergeschlagenheit führen. Zudem fördert das Grübeln sehr wahrscheinlich die schmerzlichen Erinnerungen an die Traumatisierung.

> **Definition von Schuldgefühlen:**
>
> Schuldgefühle werden als ein unangenehmes Gefühl umschrieben, das mit der Überzeugung einhergeht, man habe in einer bestimmten Situation anders denken, fühlen oder handeln sollen (Kubany, 1998). Schuldgefühle werden (auch) von objektiv unschuldigen Opfern erlebt.

So gehen Verhaltenstherapeuten mit Schuldgefühlen um

Wenn wir als Psychotherapeutinnen verstehen möchten, wie es genau zu einer von Menschen verübten Traumatisierung einer unserer Patientinnen gekommen ist, ist es für uns hilfreich, das Geschehen in verschiedene Aspekte zu unterteilen. Da ist zunächst einmal ein *Täter*, der eine Tat (meist) absichtlich begangen hat. Er oder sie war in der Lage innere Hemmungen, die im Normalfall Menschen davon abhalten, andere zu schädigen, zu überwinden. Er stellte Kontakt zum Opfer her und überwand dessen Widerstand. Auf der anderen Seite ist das *Opfer*: Er oder sie hatte bestimmte Vorerfahrungen gemacht, die es ihm oder ihr zum Beispiel schwerer machte, sich gegen den Täter zu wehren, weil er oder sie die Gewaltbereitschaft des Täters kannte. Oft ist das Opfer aber einfach auch nur überrascht und erschreckt darüber, was plötzlich über ihn oder sie hereinbricht und findet sich in einer Situation wieder aus der es zunächst kein Entrinnen gibt. Das Trauma geschieht natürlich nicht im freien Raum, sondern vor dem Hintergrund bestimmter sozialer oder kultureller *Umstände* bzw. der ganz konkreten Situation in der Täter und Opfer zusammentreffen. Manche Aspekte der Situation machen es Tätern leichter, die Tat zu begehen. Ein drastisches Beispiel hierzu ist eine Traumatisierung im Rahmen einer Freiheitsberaubung. Wenn das Opfer gefangen gehalten wird, gibt es für das Opfer kaum ein Entkommen. Die Situation macht die Traumatisierung also möglich. Dazu gehört auch im Falle von Traumatisierungen von Kindern innerhalb der Familie die entwicklungsgemäße Abhängigkeit von Kindern. Kinder gehören in die Familie, brauchen ihre Eltern und sind daher leider auch deren Missbrauch/Misshandlungen nahezu schutzlos ausgeliefert. Neben den Umständen finden sich aber leider heute auch noch Überzeugungen und Wertvorstellungen, die Traumatisierungen erleichtern. So findet man noch die weit verbreitete Überzeugung, dass Eltern entscheiden, wie sie mit ihren Kindern umgehen und man solle sich nicht einmischen. Manche Menschen leben auch in sozialen Gefügen, in denen toleriert wird, dass Frauen zum Beispiel geschlagen werden. Vielfach sind Familien oder Paarbeziehungen nach außen hin unauffällig, so dass Außenstehende gar nicht auf die Idee kommen, es würden Traumatisierungen geschehen. Diese Aspekte können es dem Opfer einerseits schwer machen, das Trauma zu beenden. Auf der anderen Seite können Überzeugungen und Werte bestimmter Gruppen, welche Traumatisierungen tolerieren, es dem Opfer schwer machen, *keine* Schuldgefühle zu entwickeln. Es scheint manchmal als lüden die Umstände die Opfer dazu ein, die Verantwortung zu übernehmen. Die Abbildung 5 macht noch einmal grafisch deutlich, wer oder was in der Regel an dem Zustandekommen eines Traumas beteiligt ist.

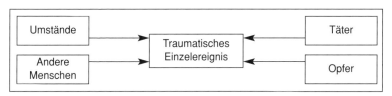

Abbildung 5: Einflussfaktoren, die am Zustandekommen eines Traumas beteiligt sein können

9.1 Schuldgedanken

Jeder Mensch ist unterschiedlich für Schuldgedanken ansprechbar. Schuldgedanken sind hierbei typische Bewertungen, die erstmals *nach* dem Trauma auftreten. Bei genauerem Hinsehen, konnten Wissenschaftler vier verschiedene Arten von Schuldgedanken ausmachen. Diese sind:
- eine wahrgenommene Verantwortlichkeit für die *Verursachung des Traumas,*
- eine fehlende *Rechtfertigung für das eigene Verhalten* während der Traumatisierung und danach,
- ein Verstoß gegen wichtige eigene *Wertvorstellungen*, oder
- eine wahrgenommene *Vorhersehbarkeit* bzw. *Vermeidbarkeit* des Traumas.

Tabelle 6: Beispiele für typische Schuldgedanken

Verantwortung	– Ich bin schuld an der Vergewaltigung, ich bin schließlich mit in seine Wohnung gegangen. Er hatte mich auf einen Kaffee eingeladen.
Fehlende Rechtfertigung	– Dieses eine Mal habe ich meine Frau nicht zum Arzt begleitet, ich hatte gar keinen Grund nicht mitzukommen. Sie ist nie mehr nach Hause gekommen. Sie ist in die Elbe gegangen (Suizid). – Ich hätte mich genauso gut wegsetzen können, dann hätte der Mann aufgehört, mich zu befummeln. Ich hätte mich stärker wehren sollen, dann wäre es nicht passiert.
Verstoß gegen Wertvorstellungen	– Ich hätte den anderen Unfallopfern auch helfen müssen, stattdessen habe ich nur dafür gesorgt, dass ich von der Unfallstelle wegkomme. – Ich hatte zunächst Spaß daran, den Mann für mich zu interessieren, ich wollte ihn ein bisschen anmachen.

Tabelle 6 (Fortsetzung): Beispiele für typische Schuldgedanken

Vorhersehbarkeit	– Ich hätte wissen müssen, wozu mein Mann in der Lage ist, ich wusste schließlich, wie sehr er ausflippen kann. – Ich hätte die Fußgängerin sehen müssen. Dann könnte sie noch leben. – Ich hätte wissen müssen, dass mein Onkel wieder vorhatte, mich zu missbrauchen, als er mich damals von der Schule abholte. Ich bin in sein Auto eingestiegen. Das hätte ich nicht machen sollen.

Problematisch an diesen Bewertungen ist, dass sie bei näherem Hinsehen, Denkfehler enthalten, die wir jetzt näher vorstellen wollen.

9.1.1 Denkfalle: „Im Nachhinein ist man immer schlauer" – oder: angebliche Vorhersehbarkeit

Kennen Sie den Ausdruck „Im Nachhinein ist man immer schlauer"? Wenn wir eine bestimmte Erfahrung gemacht haben, sind wir alle in der Tat danach meistens ein bisschen schlauer. Wenn Sie an einem Sommerabend pudelnass nach Hause kommen, haben Sie die Erfahrung gemacht, dass im Sommer recht schnell ein Gewitter aufziehen kann. Wenn Sie erleben mussten, wie jemand sich schwer verletzte oder starb, weil Sie dieser Person etwas schenkten (z. B. einen Rundflug) oder diese Person Ihnen einen Gefallen tat (z. B. Sie mit dem Auto nach Hause brachte), dann haben Sie leider die Erfahrung gemacht, dass solche Dinge auch ins Auge gehen können. Mit unserem „Ich hätte …", „Wenn …" und „Aber …" versuchen wir dann die Dinge ungeschehen oder erträglicher zu machen. An dieser Stelle entstehen also Schuldvorwürfe:
- „Ich hätte genauso gut einen Schirm mitnehmen können!"
- „Ich hätte wissen können, dass das kleine Flugzeug abstürzt. Ich hätte ihm den Flug nie und nimmer schenken dürfen!"
- „Ich hätte ihn nicht bitten dürfen, mich nach Hause zu fahren!"

So verständlich die Vorwürfe sind, sie sind aber auch unvernünftig: Das Wissen, was Sie heute schlauer macht, hatten Sie *damals* vor dem Ereignis noch nicht. Daher können Sie es nicht in Ihre Entscheidungsfindung von *damals* mit einbeziehen. Sie hätten anders handeln können, wenn Sie damals in der

Lage gewesen wären und hätten es auch getan. Also: Wenn Sie 100 % genau gewusst hätten, dass es regnen wird, hätten Sie einen Schirm mitgenommen. Wenn Sie 100 % gewusst hätten, dass das kleine Flugzeug abstürzt, dann hätten Sie nie und nimmer einen Flug verschenkt. Mit dem „Hätte, Wenn und Aber" stellen Sie die Dinge so dar, als hätten Sie damals die Macht gehabt, etwas zu verändern. Beides ist meistens falsch: Zum einen konnten Sie ein bestimmtes Ereignis nicht vorhersehen und zum zweiten hätten Sie meist nicht die Kraft gehabt, es zu ändern. Wissenschafter nennen diese Denkfalle „Denkfehler der Retrospektiven oder Rückschaufehler".

Vielleicht kennen Sie diesen Denkfehler auch aus ganz alltäglichen Situationen. Er ist also nicht auf die Bewertung des Traumas beschränkt, hier trägt er aber zu der großen gefühlsmäßigen Belastung bei. Dieser Denkfehler kann also leicht dazu führen, dass Tatsachen, die Sie *nach* der Traumatisierung erfahren haben, bzw. Dinge, die Ihnen durch *späteres* Nachdenken bewusst wurden, die Bewertung des Traumas färben. Daher ist es nun bei der Bewältigung des Traumas wichtig, dass Sie unterscheiden zwischen dem was Sie damals wissen und tun konnten und dem was Sie heute wissen und tun könnten. Wenn Sie also zu einer korrekten Beurteilung Ihres Verhaltens während des Traumas kommen wollen, dürfen Sie in Ihre Beurteilung nur das einbeziehen, was Sie *damals* schon *wussten*.

Zusammenfassung:

Nachträgliche Bewertungen des Traumas führen leicht zu einer verzerrten Wahrnehmung der eigenen Rolle im Trauma und dessen Verlauf. Der heutige Wissensstand dient heute als Ausgangsbasis für Bewertungen. Der heutige Wissensstand ist aber nicht gleichzusetzen mit dem Wissen und auch den Möglichkeiten von damals, während des Traumas.

9.1.2 Denkfalle: Fehlende Rechtfertigung für das eigene Handeln, Denken und Fühlen

Vielfach verstricken sich traumatisierte Patientinnen in ausgedehnten Gedankenspiralen über Dinge, die sie hätten tun oder sagen sollen, um bestimmte Einzelheiten eines Traumas zu verhindern. Durch diese Gedankenspiralen geraten die damaligen Entscheidungen in ein schlechtes Licht und die Patientinnen verlieren das Verständnis für sich und ihre Entscheidungen. Im Nachhinein wird der Nutzen des eigenen *damaligen* Handelns gegen gewünschte, aber damals nicht mögliche Handlungsalternativen abgewogen und für schlecht befunden.

Wo steckt hier die Denkfalle?

Erwünschte Handlungsoptionen dürfen nicht herangezogen werden, um im Nachhinein die eigenen Entscheidungen und das eigene Handeln zu bewerten. Traumatisierte Menschen sitzen in der Falle: Das Trauma ist dadurch gekennzeichnet, dass Zwang und Kontrolle über die Opfer ausgeübt werden. In solchen Situationen ist der Spielraum für eigenes Handeln sehr eingeschränkt. Vielfach können die Opfer nur zwischen verschiedenen Katastrophen wählen. Im Nachhinein erscheinen aber gerade die abgewählten Möglichkeiten als attraktiv. Dies ist damit zu erklären, dass in den ausgedehnten Gedankenspiralen oftmals mindestens zwei Aspekte ausgeblendet werden: Nämlich die guten Gründe für die damaligen Entscheidungen und die befürchteten, oftmals nicht abzusehenden Konsequenzen, die zur Abwahl von Alternativen geführt haben. So verständlich diese Gedanken sind, so unvernünftig sind sie auch und führen zu belastenden Gefühlen.

> **Beispiel:**
>
> Frau L. wird über Jahre sehr schlecht von ihrem Mann behandelt. Sie muss zudem mit ansehen, wie er ihre Kinder quält. Als die Kinder dann etwas selbstständiger sind, gelingt ihr die Trennung. Heute wirft sie sich vor, sie hätte früher gehen sollen. Sie kann es kaum noch nachvollziehen, dass sie die Ehe so lange aushielt.

Lassen Sie uns untersuchen, welche Denkfehler bei Frau L. am Werke sind. Um die Denkfehler zu untersuchen, teilen wir das traumatische Ereignis auf die vier Einflussfaktoren (Opfer, Täter, Umstände, andere Menschen) auf:

1. Welcher Denkfehler ist am Werke?
Rückschaufehler: Heute weiß Frau L., dass das Leben nach der Trennung weiterging. Sie weiß heute, dass sie in der Lage war, ihre Kinder ab einem bestimmten Zeitpunkt allein zu ernähren.

2. Was hat es Frau L. damals schwer gemacht, sich anders zu verhalten?
Betrachtet man nun die Lebenssituation von Frau L. etwas genauer anhand der vier Einflussfaktoren (Umstände, Opfer, andere Menschen und Täter), dann ergibt sich folgende Ausgangssituation für eine Neubewertung:

– *Umstände:* Frau L. hatte mit der Heirat ihren Beruf aufgegeben. Die Finanzen wurden vom Ehemann verwaltet. Sie selbst hatte keine Ersparnisse, die es ihr ermöglicht hätten, ein eigenes Leben aufzubauen. *Damals* konnte sie nicht voll berufstätig sein, da die Kinder zu klein waren.

- *Opfer:* Frau L. war bereits in der Kindheit und Jugend wiederholt traumatisiert worden. Sie war es gewohnt, schlecht behandelt zu werden und wagte daher nicht, sich zu wehren oder zu widersprechen.
- *Andere Menschen:* Die Eltern von Frau L. warfen ihr wiederholt vor, keine gute Ehefrau zu sein und hielten eine Trennung für ausgeschlossen. Der Ehemann hatte Frau L. im Laufe der Jahre von ihren Freundinnen isoliert, sodass Frau L. keinen Mut fand, sich ihren Freundinnen anzuvertrauen.
- *Täter:* Frau L. schildert ihren Ex-Mann als äußerst gewaltbereit und cholerisch. Er hatte ihr immer wieder gedroht, er würde ihr die Kinder wegnehmen, falls sie sich trennen sollte.

3. *Neubewertung: Ist der Verbleib in der unerträglichen Ehe verständlich oder nicht?*

Bei genauerem Hinsehen gibt es genügend Gründe, die verständlich machen, wieso Frau L. sich lange nicht trennen konnte. Wäre die Ausgangslage eine andere gewesen, hätte sie es vielleicht früher getan.

9.1.3 Denkfalle: Angebliches Fehlverhalten bzw. Verstoß gegen Wertvorstellungen

Ein Verstoß gegen eine Wertvorstellung liegt dann vor, wenn eine Person absichtlich vorhersehbaren Schaden anrichtet. Wenn traumatisierte Menschen sich einen Verstoß gegen Wertvorstellungen vorhalten, dann spielt auch meistens der Rückschaufehler eine Rolle: Die heutigen Schuldgedanken werden auf Grundlage der tragischen Ergebnisse formuliert und *nicht* auf Grundlage der Absichten, die die Betroffenen *damals* hatten. Die Betroffenen vernachlässigen die guten und moralisch unumstößlichen Gründe, die ihrem Verhalten zugrunde lagen, bevor die tragischen Ereignisse eintraten.

Beispiel für den wahrgenommenen Verstoß gegen Wertvorstellungen:

Frau M. wirft sich vor, sie hätte unbedingt verhindern müssen, dass ihr jüngerer Bruder ins Heim kommt. Sie denkt, sein unglücklicher Lebensweg sei vor allem durch die Heimunterbringung bedingt. Heute denkt sie, sie hätte eine Tante um Hilfe bitten sollen. Diese Möglichkeit kam ihr aber erst viele Jahre später in den Sinn. Damals hatte sie die Heimunterbringung hingenommen, so wie sie viele Dinge hinnehmen musste. Ihr Selbstvorwurf lautet: „Ich hätte Vater und der gesamten Familie ins Gewissen reden sollen, ich hätte schreien und heulen sollen. Ich hätte protestieren

> sollen und auf meinen Bruder aufmerksam machen sollen. Er war mein kleiner Bruder. Alle ließen ihn im Stich. Ich auch." Auch dies ist ein Denkfehler. Es ist unvernünftig, sich Dinge vorzuhalten, die einem erst später, oftmals Jahre später erst in den Sinn kommen. Sie hätten diese Dinge wahrscheinlich gemacht, wenn Sie die Möglichkeit gehabt hätten. Damals ging es aber nicht anders.

Lassen Sie uns auch untersuchen, welche Denkfehler bei Frau M. am Werke sind:
1. *Welcher Denkfehler ist am Werke?*
   Rückschaufehler: Frau M. verlangt heute von sich, sie habe damals anders auf die geplante Heimunterbringung reagieren sollen. Auf diesen Gedanken kommt sie, weil sie Gründe für den unglücklichen Lebensweg des Bruders sucht. Damit fügt sie ihren Erinnerungen Ergebniswissen hinzu. Dies ist unvernünftig, da sie damals nichts über sein späteres Schicksal wissen konnte. Sie geht zudem mit dem Kopf einer Erwachsenen an die Sache heran. Ein 12 Jahre altes Mädchen denkt, fühlt und verhält sich aber anders. Zudem hat sie nicht absichtlich gegen ihren Wert verstoßen, Familienmitgliedern zu helfen. Damals hatte sie keine Mittel dazu.
2. *Was hat es Frau M. damals schwer gemacht, sich anders zu verhalten?*
   – *Umstände:* Frau M. beschreibt das Klima in der Familie wie folgt: Wir hatten kein Mitspracherecht. Unser Vater ignorierte unsere Wünsche. Ein paar Mal haben wir meinen Bruder im Heim besucht. Das Heim war in einer großen alten Villa. Dort kam es mir so schön und ruhig vor. Die Erzieher waren nett.
   – *Opfer:* Ich war selbst noch ein Kind, das Hilfe brauchte. Ich konnte damals nicht wissen, ob ein Heim Nachteile für die Entwicklung eines Kindes hat oder nicht.
   – *Andere Menschen:* Andere Familienangehörige ergriffen keine Partei für meinen Bruder. Ihn wollte niemand haben. Er war damals schon etwas schwierig.
   – *Täter:* Mein Bruder wurde von unserem Opa immer wieder schrecklich verprügelt. Vielleicht dachte ich damals auch, dass es ihm im Heim besser gehen würde. Unser Vater hatte die Verantwortung für den Bruder.
3. *Neubewertung*
   Ich habe mir was die Heimunterbringung angeht, nichts vorzuwerfen. Es gab damals niemanden, der mich ernst genommen hätte. Außerdem konnte ich nicht ahnen, dass das Heim meinem Bruder vielleicht schaden würde. Ich kann es selbst heute nicht mit Genauigkeit sagen, ob und inwieweit das Heim ihm geschadet hat.

Vielfach machen sich Eltern, deren Kinder einen Unfall erlitten oder verstarben, große Vorwürfe. Sie quälen sich mit dem Vorwurf, den Unfall oder den Tod hätten verhindern zu müssen. Hierbei kann folgende gedankliche Verwechslung auftreten: Die Beteiligung an einem negativen Ereignis wird mit der angeblichen Macht verwechselt, negative Ereignisse kontrollieren oder verhindern zu können.

> **Beispiel für wahrgenommenes Fehlverhalten:**
>
> Frau Y. wirft sich vor, sie hätte ihren Sohn (9 Jahre) nicht in der Ostsee baden lassen dürfen. In einem unbeobachteten Moment wurde er von den Wellen bei starkem Wellengang fortgerissen. Frau Y. konnte ihn unter großen Anstrengungen aus dem Wasser retten. Der Junge hatte zwar Wasser in der Lunge, trug aber keine ernstlichen Verletzungen davon und konnte nach einem kurzen Krankenhausaufenthalt wieder nach Hause gehen.

Welche Denkfehler sind am Werk? Auch hier spielt der Rückschaufehler eine Rolle. Frau Y. kannte sich mit der Beflaggung der Wasserrettung nicht aus. Sie wusste vor dem Unfall nicht, dass Kinder an dem Tag nicht baden durften. Schließlich sprangen viele Erwachsene und Kinder um sie herum an diesem Tag ins Wasser. Damit war es ihr unmöglich den Unfall zu verhindern. Hätte sie die Gefahren anders eingeschätzt, hätte sie ihren Sohn nicht ins Wasser gelassen.

9.1.4 Schuldgefühle nach Traumatisierungen in der Kindheit

Psychotherapeuten haben in der Regel eine sehr klare Haltung was die Verursachung von Traumatisierungen angeht. Dies gilt für alle Opfer von Traumatisierungen. Vielfach haben sich Psychotherapeuten aber besonders bemüht zu beschreiben, in welcher aussichtslosen Lage sich misshandelte Kinder befinden und weshalb sie leider so leicht zu Opfern werden können:

Kinder können sich nicht für oder gegen eine Traumatisierung entscheiden: Kinder sind Erwachsenen aufgrund ihres Entwicklungsstandes unterlegen. Sie sind weder stark genug, sich zu wehren, noch haben sie die sprachlichen Mittel, genau zu sagen, was sie wollen und auch nicht wollen. Genauso wenig verstehen sie das Vorhaben oder die Handlungen von Erwachsenen, wie zum Beispiel sexuelle Übergriffe. Dies bedeutet, dass sie zum einen nicht verstehen, wie schädigend die Handlungen des Erwachsenen für sie sein werden, noch können sie ihr Einverständnis dazu geben. Diese Gründe (und viele mehr) führen zu der Haltung, Kinder frei von Verantwortung für eine Traumatisierung zu sprechen. Es kann durchaus sein, dass manche unserer Patientinnen sich erinnern, getan zu haben, was der Täter von ihnen wollte, ohne andere um Hilfe zu bitten. Diese Erinnerungen führen dann dazu, dass die Patientinnen Schuldgedanken entwickeln. Worin besteht hier ein möglicher Denkfehler? Der Denkfehler besteht genau darin, zu übersehen, in welch aussichtsloser Lage Kinder sind und sich nicht anders verhalten *können*. Was nützt dem Kind beispielsweise ein naher Verwandter, der das Kind auch schützen würde, wenn er von dem Übergriff wüsste. Das Kind aber aus verständlichen Gründen sich nicht anvertrauen *kann*, zum Beispiel aus Angst vom missbrauchenden Erwachsenen bestraft zu werden, oder aber aus Angst verlassen zu werden. Vielfach lernen Kinder zudem leider nicht, offen mit den Eltern oder anderen Personen zu sprechen, um sich ihnen anzuvertrauen. Alles dies erschwert es Kindern, nicht traumatisiert zu werden oder eine Traumatisierung zu verhindern.

Beispiel:

Frau M. wurde als sie acht Jahre alt war mit ihrer Freundin von einem unbekannten Mann in der Nähe ihres Spielplatzes in ein Gebüsch gelockt. Dort zeigte er den Mädchen Pornobilder und forderte sie auf, seinen Penis anzufassen. Als es den Mädchen zu unheimlich wurde, rannten sie weg. Später erzählten sie niemandem davon. Später hielt sich Frau M. vor, sie habe früher weg laufen sollen: „Ich hätte früher weglaufen sollen. Ich bin mit dem Mann ins Gebüsch gegangen, obwohl ich die Bilder, die er uns zu Beginn zeigte, eklig fand."

Lassen Sie uns wiederum untersuchen, welche Denkfehler bei Frau M. am Werke sind:
1. Welcher Denkfehler ist am Werke?
Rückschaufehler: Heute weiß Frau M., dass das Verhalten des Mannes als sexueller Missbrauch bezeichnet wird und nicht sein darf. Damals war ihr der Mann zwar unangenehm, sie wusste aber nicht, dass sein Verhalten Unrecht ist. Daher gab es zunächst keinen Grund alarmiert zu sein.

2. *Was hat es Frau M. damals als Achtjährige schwer gemacht, sich anders zu verhalten?*
Sie rekonstruiert ihre Lebenssituation von damals wie folgt:
- *Umstände:* Frau M. war streng erzogen worden. Sie hatte Erwachsenen zu gehorchen. Daher gehorchte sie zunächst den Aufforderungen des Mannes. Zudem konnte sie in dieser Situation niemanden fragen, was sie tun sollte. „In der DDR gab es zu der Zeit keinen Aufklärungsunterricht. Also konnte ich nicht wissen, dass das Verhalten des Mannes nicht in Ordnung war."
- *Opfer:* Mit acht Jahren waren die beiden Mädchen noch sehr klein und auf Erwachsene und deren Ratschläge angewiesen. „Ich war naiv und klein. Hatte keine Vorerfahrungen und war ohne erwachsene Person als Beschützer unterwegs."
- *Andere Menschen:* Eltern haben das Recht ihre Kinder draußen spielen zu lassen. In der Regel geht man davon aus, dass sie gut geschützt sind, sobald sie mit Gleichaltrigen unterwegs sind. „Außerdem kannte ich es von zu Hause, dass manchmal eklige Sachen passierten. Mein Vater fasste meine Mutter vor unseren Augen an. Irgendwie waren wir gewöhnt, viel zu ertragen."
- *Täter:* Über den Täter ist nichts bekannt. Es handelte sich um einen älteren Mann. Wahrscheinlich hatte er ein Unrechtsbewusstsein. Sonst hätte er die Kinder nicht ins Gebüsch gelockt. „Der Mann hatte es wohl auf uns abgesehen. Er war wohl ein Triebtäter mit nettem Gesicht".
3. *Neubewertung:* Wer trägt die Verantwortung für dieses Ereignis?
Die volle Verantwortung für das Ereignis trägt der ältere Mann. Kindern Pornohefte zu zeigen und sie aufzufordern, die Genitalien anzufassen, fällt im deutschen Strafrecht unter den Begriff Sexueller Missbrauch. „Ich muss mir nichts vorwerfen".

Entwicklungsbedingungen: Wenn Sie mit Schuldgefühlen kämpfen, die mit Missbrauchserfahrungen in der Kindheit zusammenhängen, kann es sinnvoll sein, sich noch einmal in die Lage eines Kindes hineinzuversetzen und sich unter anderem folgende Fragen zu stellen:

Übung:	**Traumatisierungen in der Kindheit**

Fragen Sie sich:
- Wie viel von einem Trauma kann ein Kind wirklich verstehen?
- Ist es nicht sehr von den Worten der Erwachsenen abhängig und daher „gefährdet", verdrehte Tatsachen von Erwachsenen oder dem Täter zu glauben?

Weiterhin könnten Sie sich fragen:
Was hat es dem Täter leicht gemacht, mich zu missbrauchen und was hat es mir schwer gemacht, den Missbrauch zu beenden oder Hilfe zu holen? Konnte ich *damals* wissen, wie sehr ich später darunter leiden würde?

Meine Antwort:

_____

_____

_____

> **Merke:**
> Es ist unvernünftig, mit dem Wissen und den Fähigkeiten eines Erwachsenen die Entscheidungen oder das Verhalten eines Kindes zu bewerten. Kinder haben grundsätzlich andere sprachliche, körperliche und geistige Voraussetzungen als Erwachsene. Dies gilt auch für Jugendliche. Kinder und Jugendliche sind grundsätzlich Erwachsenen unterlegen.

9.1.5 Ausgeprägte Schuldgefühle: ein ausführliches Fallbeispiel

Das Erleben von *Frau M.* haben wir schon wiederholt in Beispielen beschrieben. Sie bewertet die meisten ihrer schrecklichen Erfahrungen mit Schuldgedanken. Für sie ist Schuld daher ein großes Thema. Sie hat sich aber mit Hilfe der Verhaltenstherapie sehr erfolgreich von ihren Schuldgefühlen befreit. Wir möchten daher am Beispiel von Frau M. zeigen, wie starke und an eine Reihe von Einzelereignissen geknüpfte Schuldgedanken verändert werden können. Zunächst zur Lebensgeschichte von Frau M.:

Frau M. musste eine Reihe unterschiedlicher Traumatisierungen ertragen. Als (kleines) Kind verlor sie ihre Mutter, wurde vom Stiefvater schwer geschlagen und entging einer versuchten Vergewaltigung durch einen Onkel im 14. Lebensjahr nur knapp. Zuvor war sie bereits im achten Lebensjahr von einem Fremden sexuell belästigt worden. Nach dem Tod der Mutter wurde sie in der Großfamilie herumgereicht. Niemand wollte sie aufnehmen. Sie wurde von ihren Geschwistern getrennt. Ein Bruder musste bald darauf in ein Heim. In der Stieffamilie war man nur an ihrer Arbeitskraft im Familienbetrieb interessiert. Interesse an ihrer Person oder an ihren Bedürfnissen hatte die Familie nicht. Es mangelte dagegen nicht an Abwertungen und schlimmen Strafen. In der Jugend wurde sie immer wieder von einem Stiefgroßvater belästigt. Es erstaunt nicht, dass Schuldgefühle für Frau M. ein großes Thema waren und sie auch in schwierigen Zeiten im Erwachsenenalter sehr schnell mit heftigen Selbstvorwürfen reagiert. Zwischenzeitlich hat sich vieles verändert: Sie lebt in geordneten Verhältnissen in einer guten Partnerschaft, aber das Grübeln über ihre eigene Schuld an Einzelheiten verschiedener schrecklicher Erfahrungen lassen sie nicht los (vgl. Tab. 7).

Tabelle 7: Traumatische Ereignisse sowie Schuldgedanken und ihre Neubewertung am Beispiel von Frau M.

Traumatisches Einzelereignis	Schuldgedanken und ihre Neubewertung
Sexueller Missbrauch im 8. Lebensjahr	Ich hätte mit dem Fremden nicht mitgehen dürfen. *Neubewertung:* Es gab für mich überhaupt keinen Grund, nicht mitzugehen. Ich konnte die Lage damals nicht übersehen.
Früher Tod der Mutter (unklare Todesursache) im elften Lebensjahr der Patientin	Ich hätte Mutti sagen sollen, sie soll sich scheiden lassen. Dann würde sie vielleicht noch leben. *Neubewertung:* Ich wollte einfach, dass Mama und Papa zusammen bleiben.
	Wenn ich in der Todesnacht mit meiner Mutter nach unten auf die Toilette gegangen wäre, hätte ich sie vielleicht retten können. Warum habe ich nichts gehört? *Neubewertung:* Ich konnte nicht ahnen, dass Mutti in der Nacht stirbt. Ich hätte alles getan, um es zu verhindern. Es stand aber leider nicht in meiner Macht.
Heimunterbringung des Bruders im 12. Lebensjahr der Patientin	Ich hätte die Heimunterbringung meines Bruders verhindern müssen. Er ist später auf die schiefe Bahn geraten. *Neubewertung:* Auf uns hat damals niemand gehört. Wenn jemand etwas hätte ändern können, dann die Erwachsenen, nicht ich.

Tabelle 7 (Fortsetzung): Traumatische Ereignisse sowie Schuldgedanken und ihre Neubewertung am Beispiel von Frau M.

Traumatisches Einzelereignis	Schuldgedanken und ihre Neubewertung
Versuchte Vergewaltigung durch Onkel im 14. Lebensjahr	Wäre ich an dem Abend früher zu Hause gewesen und hätte ich dem Onkel nicht gesagt, dass Oma und Opa bereits im Bett sind, dann wäre es nicht zu der versuchten Vergewaltigung gekommen. *Neubewertung:* Ich konnte nicht erahnen, was der Onkel vorhatte. Mir erschien der Abend wie jeder andere auch. Ich hatte also gar keinen Grund mich anders zu verhalten. Er schon!
Jahrelange sexuelle Belästigungen durch den Stiefgroßvater	Irgendwie ist doch jedes Mädchen schuld, wenn es sich über Jahre nicht wehrt. *Neubewertung:* Nein, ich habe keine Schuld an den Belästigungen. Ich fand sie immer schrecklich, wusste aber nicht, was ich machen kann, um sie zu beenden. Mit 25 Jahren erst hatte ich die Kraft, den Kontakt abzubrechen.

9.2 Wege aus der Schuldfalle

Alle Menschen machen hin und wieder Fehler und laden damit mehr oder minder „Schuld" auf sich. Im Alltag haben wir Möglichkeiten, die Schuld wieder los zu werden. Die Schuld können wir reduzieren, in dem wir uns entschuldigen, andere um Verzeihung bitten oder uns um eine Wiedergutmachung bemühen. Es sind also konkrete Handlungen, die die Schuld vermindern können. Diesen Handlungen steht als zweite Möglichkeit eine gedankliche Auseinandersetzung mit der Schuld gegenüber. In einer gedanklichen Auseinandersetzung können wir überprüfen, ob die Schuldgefühle gerechtfertigt sind. Vielfach ermöglicht eine gedankliche Auseinandersetzung mit der Schuldfrage, die Angelegenheit gelassener zu sehen, indem man ein besseres Verständnis über sein Fehlverhalten gewinnt. Wenn ein wirkliches Fehlverhalten vorliegt, besteht ein Weg aus der Schuldfalle auch darin, sich zu überlegen, wie man in der Zukunft dieses Schuldverhalten vermeiden kann. Da wir alle immer wieder Fehler machen, haben wir alle gelernt, mit Schuld umzugehen.

Diese Fähigkeit können Sie nutzen, um Ihre Schuldgefühle zu bewältigen, die mit dem Trauma zusammenhängen.

> **Merke:**
> Die Denkfalle steckt sowohl in der Formulierung Ihrer Schuldvorwürfe als auch in der heutigen Bewertung des eigenen Verhaltens, Denkens und Fühlens damals während des Traumas.

Wir möchten Sie dazu anregen, auf eine rationalere (= vernünftigere) Weise Ihre eigene Rolle bei Ihrer Traumatisierung wahrzunehmen. Unser Ziel ist es, Ihnen zu zeigen, wie Sie eine objektivere und vernünftigere Sicht der Dinge gewinnen können. Dazu ist es sinnvoll, sich einen nach dem anderen Schuldgedanken vorzunehmen und zu betrachten. Es geht auch bei der Bearbeitung von Schuldgefühlen nicht darum, Sie von etwas zu überzeugen, das nicht wahr ist oder das Sie nicht annehmen können. Sondern es geht darum, Ihnen die Chance zu geben, die Schuldfrage neu zu stellen und zu einer neuen Antwort zu kommen, die Sie weniger belastet. Im Anhang finden Sie mehrere Arbeitsblätter zur Analyse, zum Abbau und zur Neubewertung von Schuldgedanken (vgl. Seite 163f., 165 und 166), die Sie in der Therapie einsetzen können.

Sich selbst verzeihen

Viele unserer Patienten und Patientinnen sind Opfer, deren „Fehlverhalten" in der Regel sehr gering ist. Daher gibt es oft keine andere Person, bei der man sich entschuldigen könnte, als sich selber. Sein eigenes Fehlverhalten zu akzeptieren, kann dazu führen, nutzlose Gedankenspiralen um die Schuldfrage abzustellen. Sich selbst verzeihen heißt in unseren Augen: annehmen was passiert ist und aufhören sich deswegen zu geißeln. Auch wenn das Trauma zu einem gewissen Teil auf eigenes Fehlverhalten zurückzuführen ist, haben Sie das gute Recht Ihre seelischen Belastungen zu verarbeiten. Es muss nicht sein, dass Sie Ihr Leben lang unter dem Trauma und Ihrem Fehlverhalten leiden müssen.

10 Was sind Schamgefühle?[2]

Die deutsche Sprache kennt eine Reihe von Sprichwörtern oder Redewendungen, die die Befürchtungen oder das Verhalten von Menschen deutlich machen, die sich schämen: Der Ausdruck „sein Gesicht verlieren" bedeutet, dass es bestimmte Verhaltensweisen gibt, die auf eine bestimmte Person in den Augen anderer Menschen ein schlechtes Licht werfen. Die betroffene Person verliert daher an Ansehen und Respekt durch andere. „Im Mauseloch verschwinden" möchten Menschen dann, wenn sie befürchten, etwas Peinliches gesagt oder getan zu haben. Andere würden sich gerne in solchen Situationen „in Luft auflösen". Dieser Wunsch besteht, da sie der befürchteten Kritik durch andere entgehen wollen. Die meisten Menschen kennen auch den Wunsch „vor Scham im Boden versinken" zu wollen. Schamgefühle kennen also viele Menschen. Bei manchen traumatisierten Menschen werden sie jedoch zu einem großen Problem.

Scham aus Sicht der Psychotherapie: Schamgefühle entstehen aus Sicht der Wissenschaft als Reaktion auf die Überzeugung, eine bedeutsame Regel oder einen Grundsatz vor sich und anderen Menschen nicht eingehalten zu haben. Scham setzt also das Wissen über gewisse Regeln und Grundsätze im eigenen Umfeld voraus. Das Wissen über gewisse Regeln und Grundsätze über bestimmte Sachverhalte erwerben Menschen im Laufe ihres Lebens und richten sich in der Regel danach. Welchen Sinn macht das? Es ist für jede Gemeinschaft, sei es eine Familie, eine Dorfgemeinschaft, oder eine ganze Gesellschaft wichtig auszuhandeln, welche Werte als wichtig und gültig erlebt werden. Es wird dann erwartet, dass die Mitglieder sich an die gemeinsam geteilten Werte halten. Dies erleichtert das Miteinander und macht es oft einfach erst möglich. Für das friedliche Miteinander ist es wichtig, auch klar festzulegen, welches Verhalten, aus welchen Gründen auch immer, nicht geduldet werden kann. Oftmals schämen sich Menschen, wenn sie eine für sie bedeutsame Regel (wie hier das Verbot alkoholisiert Auto zu fahren) übertreten haben und fürchten die Entdeckung des Fehlverhaltens durch andere. Schamgefühle sind also auch Gefühle, die die meisten Menschen kennen. Sind sie in ausgeprägtem Maße vorhanden, können sie Teil einer psychischen Störung sein. Schamgefühle sind nicht nur die Spätfolge einer Traumatisie-

---

2 In diesem Ratgeber möchten wir Schamgefühle darstellen, wie sie im Rahmen einer PTB auftreten können. Falls für Sie soziale Angst oder Schüchternheit ein großes Problem sein sollte, dürfte es sinnvoll sein, sich eingehender mit diesem Thema zu beschäftigen. Wir schlagen Ihnen daher den Ratgeber „Wenn Schüchternheit krank macht" von den Autoren Fehm und Wittchen vor (vgl. Anhang, S. 147).

rung. Sie treten neben der PTB auch im Rahmen anderer psychischer Störungen, z. B. der Sozialen Phobie auf.

10.1 Krank machende Schamgefühle

Psychotherapeuten sprechen dann von *krank machenden Schamgefühlen*, wenn Sie das Trauma, Ihr Verhalten oder die Folgen des Traumas als Belege dafür sehen, dass Sie als Mensch weniger Wert sind als andere. Außerdem befürchten Sie negative Reaktionen von anderen Menschen, sobald diese von dem Trauma, Ihrem Verhalten oder den Folgen des Traumas erfahren würden. Bei Scham geht es also um zweierlei: Um *selbstabwertende* Gedanken *und* Befürchtungen *von anderen* schlecht bewertet zu werden. Vielfach erschweren Schamgefühle den Beginn einer Therapie oder das Sprechen über Einzelheiten der Traumatisierung. Schamgefühle deuten immer daraufhin, dass die betroffene Person meint, etwas Unverzeihliches gedacht, getan oder gefühlt zu haben. Sie meint also, bestimmte Regeln nicht eingehalten zu haben. Die entstandenen Schamgefühle und die Bestrafungsangst sind daher aus dem Wertesystem der betroffenen Person heraus erklärbar und verständlich. Schamgefühle haben Einfluss auf das Verhalten. Menschen, die sich sehr schämen, vermeiden den Blickkontakt mit anderen Menschen, wenden sich im Gespräch ab oder ziehen sich zurück. Sie ziehen gerne mal die Schultern hoch und zeigen sich nicht gerne anderen Menschen.

10.2 Gerechtfertigte und ungerechtfertigte Schamgefühle

Die vorgeschlagene Umschreibung von Schamgefühlen sieht in der Wahrnehmung einer *Regelverletzung* die zentrale Auslösebedingung. Schamgefühle können in der Folge gerechtfertigt oder ungerechtfertigt sein. Als gerechtfertigt werden sie dann beschrieben, wenn es in Folge des Offenlegens des als schamhaft erlebten Erlebens und Verhaltens zu negativen Reaktionen oder Sanktionen durch andere Personen kommen würde.

Auch so genannte gerechtfertigte Schamgefühle führen zu psychischen Belastungen. Es gibt keinen Grund warum das Leiden der betroffenen Person nicht auch bei solchen Schamgefühlen ernst genommen werden sollte. Der Umstand, dass auch das Umfeld des Betroffenen das als schamhaft erlebte

Erleben und Verhalten negativ bewertet, heißt nicht, dass die Schamgefühle nicht bewältigbar wären (mit oder ohne Therapie). Es bedeutet nur, dass die *Bewältigung* anders verläuft und die Betroffenen es sich gut überlegen sollten, ihr als schamhaft erlebtes Erleben und Verhalten in ihrem Umfeld offenzulegen.

Beispiel für „gerechtfertigte" Schamgefühle:

Ein junger Polizist wird von mehreren angetrunkenen Männern zusammengeschlagen und verletzt. Sein Chef wirft ihm vor, er habe es soweit gar nicht kommen lassen dürfen, schließlich sei er gut ausgebildet und habe eine Waffe dabei gehabt. Der junge Polizist schämt sich dafür, dass er es nicht geschafft hat, die Angreifer zu überwältigen. Er redet daher ungern mit seinem Chef und anderen Kollegen darüber.

Merke:

Auch so genannte gerechtfertigte Schamgefühle gehen auf Bewertungen der beteiligten Personen zurück und sind nicht der Ausdruck „unumstößlicher" Wahrheiten. Probleme können für Traumaopfer aber eben daraus entstehen, das sie neben ihren gefühlsmäßigen Turbulenzen unter Umständen mit unangenehmen Auseinandersetzungen mit anderen Menschen rechnen müssen.

Als *ungerechtfertigt* werden Schamgefühle dann beschrieben, wenn Dritte der betroffenen Person mit Verständnis und Wohlwollen begegnen, sobald sie von dem als schamhaft erlebten Erleben und Verhalten erfahren würden oder erfahren haben.

Beispiel:

Frau M. bedeckt gerne ihren Körper vollständig und zieht die Schultern hoch. Ihr Lebenspartner findet sie hingegen sehr hübsch und fände es gut, wenn sie mehr von sich zeigen würde.

10.3 Soll ich doch lieber den Mund halten?

Aus Sicht einer Psychotherapeutin ist es *nicht* ratsam den Mund zu halten, wenn das Trauma oder seine Folgen Sie belastet. Es ist allerdings verständlich, dass es Ihnen schwer fällt über Erfahrungen zu reden, die Sie belasten. Sie werden Ihre Schamgefühle nur bewältigen können, wenn Sie sich ihnen stellen. Sobald Sie sich den schlimmen Erfahrungen noch einmal gestellt haben, können Sie selbst entscheiden, ob es noch genügend Gründe für die Scham gibt oder ob Sie eine neue Sichtweise entwickeln können oder wollen. Aus unserer Sicht kann es sinnvoll sein, sich eine Therapeutin zu suchen, die Ihnen dabei hilft.

Ungünstige Reaktionen durch andere Menschen: Leider reagieren andere Menschen nicht immer so, wie man es sich wünschen würde. So begegnen vielen Traumatisierten Vorwürfe, Anschuldigung oder mangelndes Verständnis, sobald sie über die Traumatisierung reden. Mitglieder von Selbsthilfegruppen, Therapeutinnen und andere Helfer sind in der Regel Menschen, denen Sie sich anvertrauen können. Dort können Sie wahrscheinlich sicher sein, dass man Ihnen mit Wohlwollen entgegen kommt. Wenn Sie sich also jemandem anvertrauen wollen, *fragen Sie sich* „Ist es abzusehen, dass diese Person, der ich mich anvertrauen will, mit Verständnis auf mich reagiert? Oder wird es Vorwürfe und andere Anschuldigungen hageln?"

> **Achtung:**
>
> Keine Selbstöffnung um jeden Preis! Falls Sie mit anderen Menschen über Ihr Trauma reden wollen, so tun Sie dies. Es ist allerdings nicht sinnvoll, Personen davon zu erzählen, die Ihnen dann nicht die Unterstützung geben können, die Sie sich wünschen. Nicht jeder Mensch, der Ihnen wichtig ist, muss zwangsläufig davon erfahren.

> **Ein Beispiel für krank machende Scham und deren Bewältigung in der Therapie:**
>
> Frau Q. ist recht ängstlich. Sie fühlt sich im Kontakt mit anderen Menschen leicht unterlegen. Schon als Kind erlebte sie es als unangenehm, über private oder persönliche Dinge zu reden. Eine Traumatisierung in der Jugend verarbeitete sie so, dass sie dachte, man sähe es ihr an, was ihr angetan wurde. Damals begann sie sich zurück zu ziehen. So blieb sie gegenüber anderen Menschen ängstlich und verletzbar. Als erwachsene Frau wurde

sie von mehreren Männern missbraucht. Während des Missbrauches erlebte sie sexuelle Reaktionen. Sie konnte sich diese Reaktionen nicht erklären und begann, sich fürchterlich zu schämen. So etwas hätte in ihren Augen nicht passieren dürfen. Diese Scham führte neben der großen Angst, die sie mit dem Trauma verband, dazu, dass sie auch in der Therapie lange nicht über das schlimme Trauma reden wollte. Es sollte niemand die Wahrheit erfahren.

In der Therapie machte ihr die Therapeutin dann deutlich, dass die großen Schamgefühle verständlich sind. Sie erklärte ihr aber auch, wie und wieso die Schamgefühle die Verarbeitung des Traumas im Moment so schwer machten. Aus den wenigen Details, die die Therapeutin hatte, schloss sie, dass Frau Q. möglicherweise darunter litt, mit sexueller Erregung auf den Missbrauch reagiert zu haben. Diese Vermutung liegt oftmals nahe, da es häufig zu solchen Reaktionen bei vielen Opfern sexualisierter Gewalt kommt. Durch einen sanften Anstoß der Therapeutin fasste Frau Q. den Mut, preiszugeben, weswegen sie sich so schämte, nämlich vor allem genau dieser sexuellen Reaktionen wegen. Im weiteren Gespräch mit der Therapeutin ging es deshalb darum, zu verstehen wie sexuelle Reaktionen entstehen und dass diese nicht unter der Kontrolle von Frau Q. lagen. Diese Information ermutigte Frau Q., Einzelheiten zu berichten. Langsam konnte sie sich selbst verzeihen, weil sie begriffen hatte, dass die sexuellen Reaktionen der Preis für den Versuch waren den Missbrauch für sich etwas erträglicher zu machen. Das konnte sie akzeptieren. Damit war ein wichtiger Schritt für Frau Q. geschafft.

10.4 Mythen im Zusammenhang mit Traumatisierungen

Es mag in Ihrem Umfeld oder bei Ihnen selbst bestimmte Grundsätze geben, die es Opfern von Gewalttaten schwer machen, Verständnis zu erlangen. Tabelle 8 stellt bestimmte Vorstellungen unserer therapeutischen Haltung gegenüber. Diese Haltung ist das Resultat wissenschaftlicher Ergebnisse und einer von Solidarität gegenüber Opfern geprägten persönlichen Grundhaltung.

Tabelle 8: Unangemessene Vorstellungen über Traumatisierung im Vergleich mit Tatsachen

Vorstellungen	Tatsachen
Man sollte seine Gefühle immer im Griff haben.	Unter hohen Belastungen reagieren Menschen mit starken Gefühlen, diese stehen nicht unter der willentlichen Kontrolle.
Wenn das Opfer während sexualisierter Gewalt mit sexueller Erregung reagiert, dann wollte das Opfer den Missbrauch auch.	Nein, sexuelle Reaktionen unterstehen nicht der willentlichen Kontrolle, sondern sind Folgen körperlicher Reizung. Sie sind kein Beleg für ein willentliches Einverständnis.
Wer nicht missbraucht werden will, der wird es auch nicht.	Die Verantwortung für eine Gewalttat liegt beim Täter. Einvernehmliches Verhalten des Opfers vor der eigentlichen Traumatisierung bedeutet nicht, dass das Opfer mit dem Trauma einverstanden war. Sein Verhalten deutet nur daraufhin, dass sie/er bis zu einem bestimmten Punkt nichts von dem Trauma ahnte.
Ich habe heute Gedanken, Fantasien und Wünsche, die ich unakzeptabel finde.	Die Gedanken sind frei.
Wenn andere Menschen davon erfahren, was ich getan, gefühlt oder erfahren habe, werden sie mich ablehnen.	Jeder hat das Recht ein bestimmtes Verhalten, ein Gefühl oder eine bestimmte Erfahrung nicht akzeptabel zu finden. Beim näheren Hinsehen gibt es aber immer eine Erklärung für das Problem. Dies heißt immer noch nicht, dass alles immer gut und richtig ist, zumindest ist es aber verständlich. Es ist nicht sinnvoll von einem umschriebenen Fehlverhalten auf Ihren Wert als ganze Person zu schließen. Menschen sind nicht perfekt, schon gar nicht wenn sie traumatisiert werden.

In unserer Gesellschaft existieren bestimmte Vorstellungen und Vorurteile über sexualisierte Gewalt. In der Tabelle 9 stellen wir einige dieser Vorstellungen und Vorurteile wissenschaftlichen Tatsachen gegenüber.

Tabelle 9: Vorurteile und Tatsachen über sexualisierte Gewalt im Vergleich (aus Haupt & Weber, 1999)

Vorstellungen und Vorurteile über Vergewaltigung/ sexuellen Missbrauch	Tatsachen
Es handelt sich zumeist um einen überfallartigen Tathergang durch Fremdtäter.	Vergewaltigung findet zumeist im nahen sozialen Umfeld (Verwandte, Freunde, Bekannte) statt.
Frauen setzen sich während des Übergriffs massiv zur Wehr.	Frauen wehren sich vorwiegend verbal kommunikativ.
Vergewaltigte Frauen haben massive körperliche Verletzungen.	Vergewaltigte Frauen haben zumeist leichtere bis mittlere körperliche Verletzungen.
Die meisten Frauen provozieren die Tat.	Die meisten Opfer kleideten und benahmen sich nicht anders als diejenigen, die verschont blieben.
Keine Frau kann gegen ihren Willen vergewaltigt werden.	Gegenwehr mag einige Minuten lang möglich sein, ein längerer Kampf kann im „Normalfall" nicht gewonnen werden. Bei mehreren Angreifern ist es fast unmöglich. Da der Täter möglicherweise zu schwerster Gewaltanwendung bereit ist, kann der Entschluss zu aktiver Gegenwehr u. U. lebensgefährliche Konsequenzen für eine Frau haben.

10.5 Wege aus der Scham I: Das Verhalten ändern

Mit etwas Übung können Sie Menschen erkennen, die sich schämen: Sie werden rot, vermeiden den Blickkontakt und versuchen die Situation zu verlassen. Psychotherapeuten gehen davon aus, dass dieses Verhalten gezeigt wird, um einer befürchteten negativen Bewertung oder den Blicken anderer zu entgehen.

> **Beispiel:**
>
> Frau M. wird nicht gerne angeschaut. Besonders unangenehm erlebt sie die Blicke älterer Männer. Dies bringt sie mit sexuellen Belästigungen in der Jugend in Verbindung. Daher senkt sie meistens den Kopf und zieht die Schultern hoch, wenn sie an solchen Männern vorbeigehen muss. Am Arbeitsplatz achtet sie darauf, dass ihre Arbeitskleidung immer hoch geschlossen ist. Im Schwimmbad oder in der Sauna hält sie sich das Handtuch vor den Körper und schickt ihren Partner als eine Art Sichtschutz vor.

Was ist problematisch an diesem Verhalten? Sicherlich hat Frau M. das gute Recht, sich vor neugierigen Blicken zu schützen. Anderseits zeigt sie dieses Verhalten auch ohne dass es Anzeichen für neugierige Blicke gibt. Durch die Rückmeldungen aus ihrer Körperhaltung ist es wahrscheinlich, dass sie sich unwohl fühlt und ungünstige Gedanken entwickelt, obwohl sie eigentlich „in Sicherheit" ist. Der Weg aus dem Teufelskreis aus schamhaftem Verhalten, ängstlichen Gefühlen und entsprechenden Gedanken führt über verändertes Verhalten und verändertes Denken. Wenden wir uns zunächst dem Verhalten zu.

In Kapitel 5 haben wir Ihnen erklärt, dass Gefühle bewältigt werden können, indem man etwas tut, was das Gefühl *nicht* von einem will. Bei der Bewältigung der Scham heißt dies: „Bauch rein, Brust raus".

„Bauch rein, Brust raus": sich zeigen lernen

In Kapitel 6 haben wir das Sicherheitsverhalten beschrieben, mit dem Traumatisierte versuchen, bestimmte Befürchtungen nicht wahrwerden zu lassen. Die typische Körperhaltung, die Menschen zeigen, die sich schämen, ist genauso ein Sicherheitsverhalten. Um die negativen Konsequenzen von Sicherheitsverhalten zu bewältigen, ist es wichtig zu lernen, es sein zu lassen.

| **Übung:** | „Bauch rein, Brust raus" |

1. **Beobachten Sie sich genau: Welches Verhalten zeigen Sie, wenn oder weil Sie sich schämen?**

	Ja, kenne ich	So sieht es genau bei mir aus:
Blickkontakt meiden		
Kopf senken		
Schultern hochziehen		
Sich wegdrehen		
Körper in weite Kleidung hüllen		
Keine Röcke, Kleider oder kurze Sachen tragen		
Sich nicht schminken		
Anderen Menschen aus dem Weg gehen		
Bestimmte Dinge nicht ansprechen		
Schnell an anderen vorbeigehen		

2. **„Bauch rein, Brust raus"**
Überlegen Sie sich, ob Sie üben möchten, Ihr schamhaftes Verhalten abzubauen. Machen Sie eine Liste der Situationen, die Sie aufsuchen wollen und fangen Sie mit den einfachsten Situationen an. Überlegen Sie genau, welche Verhaltensweisen Sie dann unterlassen möchten. Üben Sie dies so lange und wiederholt, bis Sie merken, es geht Ihnen besser. Gehen Sie zu der nächsten Übung über, wenn Sie merken, dass Sie die vorhergehende Übung problemlos durchführen können. In Kapitel 6 wurde bereits genau beschrieben, wie die Vorgehensweise bei solchen Übungen ist. Zusätzlich möchten wir, dass Sie während der Übung bewusst immer wieder die Aufmerksamkeit nach außen und auf Ihre Tätigkeit lenken, um so neutral wie

möglich, zu beobachten, was gerade „draußen" los ist. Zu Beginn werden Sie vielleicht aus der Übung fliehen wollen. Das ist normal. Die Übungen werden Ihnen leichter fallen, je öfter Sie sie aufsuchen. Im Anhang (vgl. S. 172) finden Sie dazu das Arbeitsblatt „Sich zeigen lernen".

Beachten Sie aber bitte: Überprüfen Sie bitte, ob Sie eine sichere Übungssituation ausgesucht haben. Sollten Ihnen unangenehme Menschen anwesend sein, suchen Sie sich eine andere Übungssituation aus. Es geht hier nicht darum, sich den unangemessenen Blicken oder Sprüchen anderer Menschen auszusetzen. Es geht im Gegenteil darum sich zu überzeugen, dass Sie sich freier bewegen und sich wohler fühlen können.

Beispiel:

Frau M. möchte häufiger in die Sauna gehen. Dort nimmt sie sich vor, mit erhobenem Kopf und festem Blick über das Saunagelände zu laufen. Das Handtuch legt sie nur locker um sich. Wenn sie in die Dusche gehen will, schickt sie ihren Freund nicht mehr als Schutzschild vor. Sie entscheidet sich aber auch an ihrem Arbeitsplatz weiterhin die Arbeitskleidung geschlossen zu halten. Sie möchte sich vor den Blicken des schwierigen Klientels, mit dem sie dort arbeitet, schützen.

10.6 Wege aus der Scham II: Das Denken ändern

Wir möchten Sie dazu anregen, auf eine rationalere (= vernünftigere) Weise Ihre eigene Rolle bei Ihrer Traumatisierung wahrzunehmen. Unser Ziel ist es, Ihnen zu zeigen, wie Sie eine objektivere und vernünftigere Sicht der Dinge gewinnen können. Dazu ist es sinnvoll, sich einen nach dem anderen Schamgedanken vorzunehmen und zu betrachten. Es geht auch bei der Bearbeitung von Schamgefühlen nicht darum, Sie von etwas zu überzeugen, das nicht wahr ist oder das Sie nicht annehmen können. Vielmehr möchten wir Ihnen die Chance geben zu versuchen, die Schamgefühle loszuwerden. Im vorausgehenden Kapitel über Schuldgefühle haben Sie bereits unsere Arbeitsweise kennen gelernt. Auch bei Schamgefühlen ist es sinnvoll, sich genau zu fragen, weswegen Sie sich schämen. Die Übung ist genau im Anhang beschrieben. Verwenden Sie dazu die Arbeitsblätter „Analyse von Schamgedanken" und „Fragen, die Ihnen helfen können, Ihre Schamgedanken loszuwerden" (vgl. S. 168 ff. und 172).

11 Sicherheit geht vor!

Leider werden sich unter unseren Lesern und Leserinnen auch Menschen finden, die aktuell noch traumatisiert werden. Dies bedeutet, dass es sehr wahrscheinlich nicht ratsam ist, die konkreten Veränderungsschritte des Ratgebers durchzuführen. Dies hat einen guten Grund: Um eine PTB bewältigen zu können, sollten die Umstände, die zur Entstehung der PTB geführt haben nicht mehr auftreten. Konkret bedeutet dies: Erst, wenn eine Traumatisierung beendet ist, werden Sie die Chance haben, deren psychischen Folgen bewältigen zu können. Es wird Ihnen vielleicht schwer fallen, sich Hilfe zu suchen. Es ist auch nicht leicht, über erlittene Gewalt zu sprechen. Hoffnungslosigkeit, Angst vor noch mehr Gewalt und Selbstabwertungen können dazu führen, dass Sie zaghaft sind. Vielleicht hilft Ihnen Folgendes:

Haltung von Helfern: Wenn Psychologinnen, Therapeuten, Rechtsanwältinnen oder andere Helfer entschieden haben, ihren Beruf Opfern zu widmen, dann entstand diese Entscheidung vor dem Hintergrund einer inneren Haltung. Jeder einzelne hat zwar seine persönlichen Überzeugungen, aber wir vermuten, dass die meisten folgende Haltung teilen würden: Menschen, die ein Trauma erleiden mussten, verdienen Unterstützung und Hilfe. Die Verantwortung für das Trauma liegt beim Täter. Eigenes Verhalten, das Opfern unverzeihlich erscheint, ist kein Beleg für ein vermeintliches Einverständnis in die Tat. Scham- und Schuldgefühle von Opfern sind Symptome des Leidens am Trauma und bedeuten nicht unbedingt, dass es konkrete Belege für die Rechtfertigung von Schuld und Scham gibt.

> **Wichtig:**
>
> *Eine Hürde müssen Sie nehmen:* Sie müssen sich anderen Menschen anvertrauen und darüber reden, was Ihnen angetan wird oder wurde. Dies kann Ihnen helfen, die Traumatisierung zu beenden.

Was kann dabei helfen, eine Traumatisierung zu beenden? Es gibt in Deutschland eine Reihe von Anlaufstellen, die Opfern von Traumatisierungen helfen können. Es bestehen darüber hinaus rechtliche Möglichkeiten, eine Traumatisierung zu beenden. Im Anhang (vgl. S. 149 ff.) finden Sie Adressen von geeigneten Einrichtungen, die Ihnen bei der Beendigung des Traumas helfen können. Wichtiger als die Hilfe von außen ist jedoch Ihre klare Entscheidung, sich aus den traumatisierenden Umständen zu befreien. Wenn Sie diese Entscheidung getroffen haben, dann können Helfer Sie dabei unterstützen. Im folgenden Kapitel berichtet Sylvia Mader über den Beitrag den die Opferhilfe dabei leisten kann.

12 Gehen und Bleiben – Betroffene häuslicher Gewalt aus Sicht der Opferhilfe

Silvia Mader[3]

> „Ich hätte den Absprung (aus der Ehe) nie geschafft,
> wenn ich nicht so viele verschiedene Ansprechpartner gehabt hätte".
> *Klientin der Opferhilfe Dresden*

Dieses Kapitel soll aus Sicht einer Beratungsstelle für Opfer von Straftaten die Situation von Frauen schildern, die von häuslicher Gewalt betroffen sind. Die Abhandlung will Interventionsmöglichkeiten und Grenzen im Rahmen der professionellen Opferhilfe aufzeigen. Dabei liegen die Schwerpunkte auf Information und Beratung der Frauen, sowie die Begleitung zu Behörden, Polizei und Gericht. Das Anliegen dieses Artikels ist es, die Möglichkeiten und das Wissen Sozialer Arbeit für andere Berufsgruppen v. a. Psychologinnen, Polizistinnen, Ärztinnen und Juristinnen aufzubereiten und zur Diskussion zu stellen. Die Unterstützung der Frauen kann nur gelingen, wenn die verschiedenen Aufträge und Funktionen der beteiligten Disziplinen ineinandergreifen und koordiniert werden.

12.1 Entstehung des Arbeitsfeldes Opferhilfe

In Hanau entsteht 1984 die erste professionelle Opferberatungsstelle in Deutschland. Nach und nach werden zusätzliche Beratungsstellen in öffentlicher und freier Trägerschaft eingerichtet. Die Opferhilfe ist bis heute keine Pflichtaufgabe des Staates. In den neuen Ländern etabliert sich als erstes flächendeckendes Angebot in freier Trägerschaft die Opferhilfe Sachsen e. V. im Jahre 1997, mit einer Beratungsstelle in Dresden. Inzwischen unterhält der Träger sechs weitere Stellen in Bautzen, Chemnitz, Leipzig, Görlitz, Plauen und Zwickau. Nicht alle Bundesländer, wie z. B. Bayern, Baden-Württemberg, haben Opferhilfeeinrichtungen etabliert, obwohl die Themen Opferhilfe und Opferschutz gesellschaftlich immer drängender diskutiert werden. In den meisten Beratungsstellen sind Sozialpädagoginnen und -pädogogen mit the-

---

3 Sozialpädagogin bei der Opferhilfe Sachsen e. V., Zweigstelle Dresden.

rapeutischen Zusatzausbildungen beschäftigt. Aktuelle Veränderungen in der Justiz begünstigen die Ausbreitung der professionellen Opferhilfe. Neue Gesetze, wie z. B. das Opferschutzgesetz (1987), das Zeugenschutzgesetz (1997) und das Gewaltschutzgesetz (2002) stärken die Stellung der Verletzten im juristischen Verfahren, das eher täterzentriert ist. Die Gesetzesänderungen und die Arbeit der Opferberaterinnen leiten allmählich einen Bewusstseinswandel bei Juristen und Juristinnen ein. Der Geschädigte wird nicht mehr nur als Beweismittel zur Überführung des Täters wahrgenommen, sondern als Betroffener, der aufgrund seiner schwierigen Situation eines besonderen Schutzes und der Begleitung bedarf. So sind mehr und mehr Richterinnen inzwischen vom Sinn einer Zeugenbegleitung durch professionelle Organisationen überzeugt. Hans-Alfred Blumenstein vertritt die Meinung, dass die sozialpädagogische Prozessbegleitung gesetzlich ausdrücklich vorgesehen sein sollte (Fastie, 2002). Es gibt erste Ansätze der Zusammenarbeit, wie die folgenden Beispiele zeigen. Die Dresdner Gerichte weisen in ihren Zeugenladungen auf das Angebot der Zeugenbegleitung durch die Opferhilfe Sachsen e. V. hin. In anderen Bundesländern wurden Zeugenzimmer an den Gerichten eingerichtet, die von Sozialpädagoginnen besetzt sind. Richterinnen, Staatsanwältinnen, Polizistinnen und Rechtsanwältinnen treffen sich mit Mitarbeiterinnen der Opferhilfeeinrichtungen in interdisziplinären Gremien um Verbesserungen für die Betroffenen zu erarbeiten. Dabei berichten die Opferberaterinnen von Erfahrungen, die ihnen von Klienten im Kontakt mit den oben genannten Institutionen geschildert werden. Am konkreten Einzelfall kann nach Verbesserungen für die Verletzten gesucht werden.

12.2 Kurzprofil einer Opferberatungsstelle am Beispiel der Opferhilfe Sachsen e. V.

Die Zielgruppe der Opferhilfe sind Opfer von Straftaten, ihre Angehörigen und Freundinnen, sowie Opferzeugen und Zeugen von Straftaten. Beraten werden auch Kollegen aus anderen Institutionen, die Geschädigte begleiten, z. B. in der Bewährungshilfe oder in Erziehungsberatungsstellen. Einmalige Beratungen werden bei Opfern von SED-Unrecht, Verkehrsunfallopfern, Zeugen der Anklage und Tätern, sowie deren Angehörigen durchgeführt, um sie an geeignete Stellen vermitteln zu können. Die Klienten, zu denen Kinder, Jugendliche und Erwachsene gleichermaßen zählen, sind Opfer von allen denkbaren Delikten geworden, wie z. B. Diebstahl, Betrug, Raub, Bedrohung, Beleidigung, Nötigung, Sexualstraftaten, Kindesentzug, Körperverletzung oder Misshandlung. Es ist festzustellen, dass die Anzeigebereitschaft bei Fremdtätern um vieles höher liegt, als bei Tätern, die aus dem sozialen Umfeld stammen. Die Geschädigten haben Angst, den ihnen bekannten Täter anzuzeigen, weil er bei einem solchen Schritt weitere Gewalt angedroht hat. Zudem hegen die Betroffenen Befürchtungen, dass ihnen sowieso niemand glauben wird, weil es allzu oft keine Zeugen gibt. Gleichzeitig ist aber das Öffentlichmachen der einzige Weg, den Teufelskreis von andauernder Gewalt zu unterbrechen. Die Beratungsstellen bieten Information, Beratung und Begleitung bei der Lösung der aktuell schwierigen Lebenssituation an. Die Informationen, die Betroffene brauchen, sind vielfältigster Art. Für viele Geschädigte ist durch die Straftat das allererste Mal ein Kontakt mit den Institutionen Polizei und Justiz notwendig geworden. Sie werden aufgeklärt, wie das Ermittlungsverfahren und das Gerichtsverfahren ablaufen.

Folgendes steht Ihnen zu, wenn Sie eine Anzeige bei der Polizei planen:
- Sie haben das Recht, eine Person des Vertrauens zur Vernehmung mitzunehmen.
- Sie haben das Recht, darum zu bitten von einer Kriminalbeamtin vernommen zu werden.
- Ihre Adresse wird aufgenommen. Sie haben allerdings das Recht, als ladungsfähige Adresse die Adresse eines Anwalts oder der Opferhilfe anzugeben. Dann erfährt der Täter bzw. dessen Rechtsanwalt nicht Ihre Adresse.
- Sie haben von Anfang an das Recht, sich von einer Anwältin vertreten zu lassen. Bei komplizierten Fällen sollten Sie rasch eine Anwältin hinzuziehen.
- Beratungshilfe, die eine Erstberatung bei einem Anwalt ermöglicht, kann bei den Amtsgerichten beantragt werden. Sie wird bei geringem Einkommen gewährt. Die Betroffenen zahlen einen Eigenanteil von 10 Euro.

Achtung:

Eine Anzeige kann nicht zurückgezogen werden, wenn es sich um eine schwere Straftat handelt. In solchen Fällen wird von Staatwegen ermittelt, da ein öffentliches Interesse besteht, dass die Straftat verfolgt wird.

Falls es zu einem Prozess kommt, kann Prozesskostenhilfe bei Gericht beantragt werden. Diese beinhaltet die Übernahme der Verfahrenskosten durch den Staat. Ein wichtiges Recht des Opfers ist die Nebenklagevertretung bei bestimmten Delikten wie z. B. Sexualstraftaten oder Tötungsdelikten. Der Nebenklagevertreter ist eine Anwältin oder ein Anwalt und kann für das Opfer viele zusätzliche Rechte wahrnehmen, u. a. Akteneinsicht, Beweisanträge stellen, Plädoyer halten, Berufung einlegen. Der zweite Schwerpunkt des Hilfeangebots beinhaltet die Begleitung zur Polizei, zur Staatsanwaltschaft, zur Rechtsanwaltskanzlei, oder zu Gericht. In der Regel sind diese Institutionen Neuland für die Betroffenen und mit Nervosität verbunden, da das detaillierte Schildern der traumatischen Situation ansteht. Die Begleitung durch eine Sozialarbeiterin schafft etwas Sicherheit, obwohl die Begleitperson während den Vernehmungen kein Wort sagen darf. Es findet keine Beratung zum Inhalt der Zeugenaussage statt, da sonst die Gefahr der Beeinflussung bestehen würde. Die Vorbereitung beschränkt sich auf die Schilderung wie ein Gerichtsverfahren abläuft, Beruhigung der Klienten, Ankündigung, dass in der Regel detaillierte Fragen gestellt werden, weil die Prozessbeteiligten nicht dabei waren und nicht weil den Geschädigten nicht geglaubt wird. Die Beratungstätigkeit ist der dritte Block im Angebot der Opferhilfe. Opferhilfe praktiziert lösungsorientierte Kurzzeitberatung. Hausbesuche werden angeboten, wenn die Betroffenen sich nicht mehr aus dem Haus trauen oder im Krankenhaus liegen. Die Beratung ist kostenlos. Sprechzeiten, die ohne Anmeldung genutzt werden können, sollen eine gewisse Niederschwelligkeit sicherstellen. Außerdem besteht die Möglichkeit zur anonymen Beratung. Die klientenzentrierte Gesprächsführung der Beraterin ermöglicht das Ordnen der eigenen Gedanken und Gefühle, v. a. auch der Ängste. Bei Klientinnen, die psychisch sehr belastet sind, berät und motiviert die Beraterin zur Psychotherapie. Mehrere Gespräche arbeiten den Zweck und möglichen Ziele einer Psychotherapie heraus, wenn der Betroffene dazu bereit ist. Bei einschlägigen Delikten wie z. B. Sexualstraftaten und Geiselnahmen wird ebenfalls sehr rasch im Beratungsverlauf zu einer Therapie geraten. Die Opferhilfe verweist nur an Therapeuten und Therapeutinnen, die eine Spezialisierung in Traumatherapie aufweisen und Erfahrungen mit Traumatisierten gesammelt haben.

12.3 Die Betroffenen häuslicher Gewalt

Ich schließe mich der Definition des Begriffs häusliche Gewalt an, den die Koordinationsstelle des Berliner Interventionsprojekts gegen häusliche Gewalt gefasst hat: „Der Begriff häusliche Gewalt umfasst die Formen der physischen, sexuellen, psychischen, sozialen und emotionalen Gewalt, die zwischen erwachsenen Menschen stattfindet, die in nahen Beziehungen zueinander stehen oder gestanden haben. Das sind in erster Linie Erwachsene in ehelichen und nichtehelichen Lebensgemeinschaften aber auch in anderen Verwandtschaftsbeziehungen" (BIG, o. J., S. 4). Das Delikt Stalking trifft meist Frauen in der Trennungsphase. Sie haben ihren Männern gegenüber die Trennungsabsicht geäußert oder sind bereits ausgezogen und müssen nun mit der psychischen und körperlichen Belastung aufgrund von Bedrohungen, Körperverletzungen, Sachbeschädigungen, Telefonterror, Rufmord usw. leben. Wie auch bei der häuslichen Gewalt werden diese Straftaten zumeist ohne Zeugen begangen, so dass es der Frau äußerst schwer gemacht wird dagegen vorzugehen. Der Tatbestand Stalking wird im Gewaltschutzgesetz explizit genannt (§ 1 Absatz 2). Oftmals verstoßen die Männer gegen bereits erwirkte Unterlassungsauflagen oder Gerichtsurteile, so dass die Frau dadurch auch nicht zur Ruhe kommt. In schweren Fällen bleibt den Frauen nur der Umzug, am besten in eine andere Stadt, der allerdings mit Arbeitsplatzwechsel und Verlust des gewohnten sozialen Umfeldes verbunden ist. Im § 4 ist das Strafmaß mit Freiheitsstrafe bis zu einem Jahr geregelt, was eine entscheidende Verbesserung darstellt. Sehr viele der betroffenen Frauen leiden unter einer posttraumatischen Belastungsstörung.

12.4 Interventionen durch die Beratungsstelle der Opferhilfe Sachsen e.V.

Sicherheit geht vor!

Bei akuter Gefahr, werden im Sinne der Krisenintervention zuerst die Möglichkeiten besprochen, wo und wie sich die Frau in Sicherheit bringen kann, und woran sie im Vorfeld erkennen kann, dass die Situation zu Hause eskaliert. Dazu gehört die Beratung, ob eine Unterbringung in einem Frauenhaus sinnvoll ist, oder ob es einen anderen sicheren Ort für die Patientin gibt. Zum zweiten werden rechtliche Informationen vermittelt, die die Sicherheit der betroffenen Frau erhöhen können. Einen hohen Stellenwert hat hierbei die so genannte Wegweisung im Rahmen des Gewaltschutzgesetzes. Zur Gefahrenabwehr kann die Polizei eine Wegweisung aussprechen und dem Mann die Wohnungsschlüssel wegnehmen. Die Dauer der Wegweisung ist je nach Bundesland unterschiedlich lange geregelt, so dass die Frau Zeit hat bei der Rechtsantragsstelle am Amtsgericht einen Antrag nach dem Gewaltschutzgesetz zu stellen. Das Gewaltschutzgesetz ist Zivilrecht und liegt in der Zuständigkeit des örtlichen Familiengerichts oder des Zivilgerichts. Im Eilverfahren kann der Frau nach richterlicher Anordnung die gemeinsame Wohnung für eine Frist von höchstens sechs Monaten zugesprochen werden, auch wenn sie keinen Mietvertrag hat. Die endgültige Klärung, wer die Wohnung zugesprochen bekommt, muss in einem anschließenden Hauptsacheverfahren erfolgen. Richterlich können auch Unterlassungen festgelegt werden, wie z.B. Näherungsverbote, die die Wohnung oder den Arbeitsplatz betreffen. Wenn der

Mann dagegen verstößt, handelt es sich um eine Straftat, die mit Freiheitsstrafe oder Geldstrafe geahndet werden kann.

Oft ist es ratsam, einen Anwalt oder eine Anwältin einzuschalten, denn in den Anträgen entsprechend dem Gewaltschutzgesetz müssen beispielsweise die gewünschten Unterlassungen ganz genau aufgeführt werden, z. B. das Verbot sich der Wohnung des Opfers auf einen bestimmten Umkreis zu nähern, kein Kontakt über SMS, Telefon, E-Mail. Die Anwältin hat das Recht auf Akteneinsicht und informiert die Mandantin über die Aussagen des Täters und anderer Zeugen, sowie über den Stand des Verfahrens. Sie wird darauf achten, dass die Klientin wichtige Beweismittel wie z. B. Arztatteste, Zeugenberichte, Fotos beibringt. Neben dem Vorgehen nach dem Gewaltschutzgesetz, kann parallel Strafanzeige, z. B. wegen Körperverletzung gestellt werden. Die Anwältin hat die Möglichkeit, in Zusammenarbeit mit der Staatsanwaltschaft die Gesamtsituation in das Verfahren einzubringen, denn die Justiz wird andernfalls nur das einzelne Delikt z. B. die Körperverletzung in Betracht ziehen, weil die Hintergründe jahrelanger massiver Gewalt, wegen fehlender Aussage der Betroffenen nicht bekannt sind. Viele Frauen zeigen nur das harmloseste Delikt an oder schildern ihre „Mitschuld". Das gibt dann juristisch gesehen nicht viel her, der Täter tritt bei der Justiz vielleicht als Ersttäter in Erscheinung und diese Verfahren müssen dann eingestellt werden. Die Anwältin fungiert als eine Art Kontrollinstanz, das Verfahren nicht gleich wieder zurückzuziehen. Als günstig hat sich erwiesen, wenn sich die Frauen zur Scheidung entschließen können; der Beweis für ihre Trennungsabsicht wird dadurch untermauert. Neben der Erhöhung der Sicherheit der Betroffenen und der Informationsvermittlung und gegebenenfalls der Einleitung rechtlicher Schritte besteht ein wichtiges Ziel der Opferhilfe darin, die Klientin zu unterstützen. Hierbei verfolgen die Beraterinnen eine Strategie der „zieloffenen Beratung". Die Gefühle und Gedanken der Klientin werden ernst genommen, *ohne* ihr nah zu legen, welches die richtigen nächsten Schritte sind. Die Klientinnen sollen vielmehr dazu befähigt werden, aus eigener Kraft Entscheidungen zum Beispiel für eine Trennung zu treffen. Eine sehr klare Haltung nehmen die Beraterinnen in Bezug auf Gewalt ein. Sie ächten jede Gewaltanwendung.

In vielen Fällen erhöht sich im Prozess der Beratung die Motivation zur Therapie. Diese Motivation ist ein weiterer Baustein innerhalb der Stabilisierung der Frauen, bei ihrer Trennungsabsicht zu bleiben. Die Praxis zeigt, dass es durchaus sinnvoll ist, die Frauen bei entsprechender Indikation sobald als möglich zur Therapie zu motivieren. Eine gelingende Trennung aus langandauernden Gewaltverhältnissen hängt auch davon ab, wie viel Unterstützung die Betroffenen bekommen. Die praktischen Hilfen, die die sozialarbeiterische Beraterin initiiert, strukturiert, koordiniert und oft bis hin zu den Ämtergängen begleitet, sind ein wichtiger Faktor zur Stabilisierung. Hilfen werden bei einer ganzen Reihe von Schwierigkeiten bei dem Start in ein neues Leben gegeben.

12.5 Interdisziplinäre Kooperation in der Opferhilfe aus dem Blickwinkel der Sozialen Arbeit

Soziale Arbeit und Psychotherapie. Die Frauen, die über einen längeren Zeitraum von Einrichtungen der Opferhilfe begleitet werden und in psychotherapeutischer Behandlung sind, haben die größtmögliche Chance den Ausstieg aus dem Kreislauf der Gewalt zu schaffen. Die beiden Arbeitsfelder Soziale Arbeit und Psychotherapie ergänzen sich. Soziale Bedingungen wie Wohnung, materielle Absicherung, Alltagsstrukturierung, die Perspektive und Ermutigung nach vorne zu gehen, sind wichtige Voraussetzungen, um sich mit psychischen Störungen auseinandersetzen zu können. Die Klärung existentieller Grundfragen stellen eine Voraussetzung für Psychotherapie. Es gibt unterschiedliche Meinungen darüber, wann eine Therapie beginnen sollte, z. B. erst nach Abschluss der Gerichtsverhandlung oder bereits davor oder währenddessen. Diese Meinung teile ich nicht, die Zeugin muss oft sehr lange auf die Verhandlungen warten und wenn die Betroffene motiviert ist, sollte die Therapie beginnen können. In der Zwischenzeit ist Stabilisierung unbedingt notwendig, damit die Frau bei ihrer Entscheidung, die Trennung durchzuziehen, bleibt. Viele Schritte sind zu gehen, vielen Entscheidungen zu treffen. Therapeuten und Therapeutinnen werden immer häufiger zu Zeugenaussagen bei Gericht bestellt. Das Angebot der Vorbereitung auf das Gerichtsverfahren besteht von Seiten der Opferhilfe auch für die therapeutischen Kollegen.

Soziale Arbeit und Polizei. Polizisten und Polizistinnen haben eine Schlüsselrolle für die Geschädigten. Sie sind im Falle einer Strafanzeige oder eines polizeilichen Einsatzes die ersten Ansprechpartner für die Frauen und genießen in der Regel einen hohen Vertrauensvorschuss. Auftrag der Polizei ist allerdings die Ermittlung und nicht die psycho-soziale Hilfeleistung für die Frauen. Hier klaffen Erwartungen der Betroffenen und Funktion der Polizei weit auseinander. Wenn es den Beamten gelingt, möglichst früh an Einrichtungen der professionellen Opferhilfe zu verweisen und damit den Betroffenen das Gefühl vermitteln, dass sie ernst genommen werden, ist dieser Hinweis evtl. ein Ansporn für die Frauen, sich Hilfe zu suchen. Die Vermittlung hat höhere Aussicht auf Erfolg, je besser die Beamten die Einrichtungen kennen, an die sie weiter verweisen. Die Opferhilfe führt zu diesen Zwecken Informations- und Schulungsmaßnahmen für Polizeibeamte durch, damit die Möglichkeit besteht, die Mitarbeiterinnen persönlich kennen zu lernen und das Angebot der Opferhilfe möglichst differenziert empfehlen zu können.

Soziale Arbeit und Justiz. Das Bewusstsein für den professionellen, psychosozialen Opferschutz ist auch in der Justiz gewachsen. Es bleibt zu wünschen, dass Kenntnisse über Traumatisierung und Umgang mit besonders sensiblen Zeugen mehr und mehr in die Verhandlungspraxis eingehen. Es wäre hilfreich, wenn bereits in der Ausbildung von angehenden Juristen und Juristinnen Einheiten zum Opferschutz Eingang finden würden. Die flächendeckende Etablierung von Zeugenzimmern an den Gerichten bleibt als Forderung bestehen. Von großer Bedeutung ist die interdisziplinäre Zusammenarbeit, das Hören auf die verschiedenen Sprachen und Aufträge der jeweils anderen Profession.

13 Sexualstraftaten: Was kommt auf ein Opfer nach erfolgter Anzeige bis zum Abschluss des Strafverfahrens zu?

Michael Nagel[4,5]

Das Rechtsgut der sexuellen Selbstbestimmung beinhaltet die Freiheit des Einzelnen, über Ort, Zeit, Form und Partner sexueller Betätigung selbst zu entscheiden.[6] Diese Selbstbestimmung ist Teil des allgemeinen Persönlichkeitsrechts nach Art. 2 Abs. 1 GG und des Schutzes der Menschenwürde nach Art. 1 Abs. 1 GG.[7] Der Gesetzgeber ist davon ausgegangen, dass sich das einheitliche Rechtsgut der sexuellen Selbstbestimmung in den einzelnen Tatbeständen in verschiedener Weise konkretisiert.[8] Neben oder in Verbindung mit dem Rechtsgut der sexuellen Selbstbestimmung werden im 13. Abschnitt des Strafgesetzbuchs andere individuelle oder überindividuelle Rechtsgüter geschützt.[9] So beinhalten z. B. die Missbrauchstatbestände der §§ 174a bis 174c StGB über den Individualschutz hinaus den Schutz des Vertrauens der Allgemeinheit in institutionalisierte Macht- und Autoritätsverhältnisse.[10] Die Tatbestände der §§ 174, 176, 180, 182 StGB stellen auf eine ungestörte sexuelle Entwicklung junger Menschen ab und stärken damit auch den Jugendschutz.[11] Die nachfolgende Untersuchung soll darstellen, welche Auswirkungen die Erstattung einer Strafanzeige für den von einer Sexualstraftat betroffenen Menschen hat. Dabei beschränkt sich die Untersuchung auf die Folgen im Zusammenhang mit dem anschließend einzuleitenden Strafverfahren. Ein besonderes Anliegen ist es deutlich zu machen, dass die durch Straftaten verletzten Personen nicht auf ihre „Opferrolle" reduziert werden dürfen. Sie sind keine „Objekte", sondern mit eigenen Rechten ausgestattete „Subjekte" des Verfahrens.

---

4 Rechtsanwalt und zugleich Fachanwalt für Strafrecht sowie Lehrbeauftragter für Straf- und Strafverfahrensrecht an den Universitäten Hannover und Cergy-Pontoise, Frankreich.
5 Mein besonderer Dank gilt Herrn Staatsanwalt *Eckhard Glufke*, Hannover. Herr StA Glufke hat die Entstehung dieses Aufsatzes durch zahlreiche Anmerkungen und Berichte aus seiner langjährigen Praxis sehr unterstützt. Danken möchte ich auch meiner Rechtsreferendarin, Frau *Anja Holland-Letz* für ihre Mitarbeit.
6 Vgl. *Tröndle/Fischer* Kommentar zum StGB, vor § 174 RN 5.
7 BVerfGE 47, 46, 73.
8 BT-Drs. VII/514 S. 12.
9 *Tröndle/Fischer* a. a. O. vor § 174 RN 5.
10 *Lenckner/Perron* in: *Schönke/Schröder* Kommentar zum StGB, Vorbem. §§ 174 ff. RN 1.
11 Ebenda.

Opfer von Sexualstraftaten, die sich zu einer Strafanzeige entschließen, geraten je nach den Besonderheiten des Einzelfalles in ein Spannungsfeld zwischen der komplizierten Rechtslage[12], einer unter Umständen schwierigen Beweislage, ihren strafprozessualen Rechten und Pflichten sowie ihrer eigenen Betroffenheit und den nachfolgend dargestellten einzelnen Belastungsfaktoren, die mit jedem Strafverfahren verbunden sind.

Die Beschreibung dieses Spannungsfeldes erfolgt in drei Schritten: Der Darstellung der dem Gesetz entsprechenden Rechtslage (unter 13.1) schließen sich die Rechtsfolgen für die/den Verletzte/n innerhalb des Strafverfahrens an (unter 13.2). Tatsächliche Folgen werden abschließend insoweit beschrieben, als diese einen Bezug zu dem Strafverfahren haben (können).

13.1 Die Gesetzeslage

Im Rahmen dieses Kapitels sind zwei Aspekte von Bedeutung: die Differenzierung zwischen Verbrechen und Vergehen (§ 12 StGB) sowie zwischen den einzelnen Altersgruppen der betroffenen Opfer.[13] Das materielle Sexualstrafrecht ist an anderer Stelle ausführlich gewürdigt worden.

Sexueller Missbrauch von Kindern, sexuelle Nötigung einer Person sowie Menschenhandel sind in ihren „schweren" Erscheinungsformen Verbrechen, also insbesondere in den Fällen einer Vergewaltigung.[14] Andernfalls werden Eingriffe in die sexuelle Selbstbestimmung als Vergehen geahndet.[15] Grundsätzlich unterscheidet der Gesetzgeber bei der Beantwortung der Frage, welche Rechte einem verletzten Opfer zukommen, nach der Intensität des Ein-

---

12 Vgl. dazu Gössel „Das neue Sexualstrafrecht", 2005
13 Vgl. zum Gesamtkomplex auch *Stahlmann-Liebelt* „Leitfaden für die staatsanwaltliche Bearbeitung von Verfahren wegen sexueller Straftaten zum Nachteil von Frauen und Kindern" In: Verfahren wegen Straftaten gegen die sexuelle Selbstbestimmung (Hrsg. MJ Land Brandenburg/Deutsche Richterakademie) 1997, S. 39 ff.; „Mutig fragen, besonnen handeln. Informationen für Mütter und Väter zum sexuellen Missbrauch an Mädchen und Jungen" (Hrsg. Bundesministerium für Familie, Senioren, Frauen und Jugend) 2002; „Mehr Schutz bei häuslicher Gewalt. Informationen zum neuen Gewaltschutzgesetz" (Hrsg. Bundesministerium für Familie, Senioren, Frauen und Jugend/Bundesministerium der Justiz) 2002; „Opferfibel – Rechtswegweiser für Opfer einer Straftat" (Hrsg. Bundesministerium der Justiz) 2001.
14 Vgl. §§ 176a, b, 177, 178, 179 IV, 181 StGB.
15 Vgl. §§ 174 bis 174c, 176, 179–180b, 181a–184c StGB.

griffs. Die Befugnisse des Nebenklägers[16] bzw. seines Beistands sind weit reichender als die des allgemeinen Rechts- bzw. Verletztenbeistands.[17]

Dieser Differenzierung spricht der Gesetzgeber allerdings im Bereich der Sexualstraftaten keine große Bedeutung zu. Gemäß § 395 Abs. 1 Nr. 1a StPO berechtigen praktisch alle Sexualstraftaten die davon betroffenen Opfer, sich einem Strafverfahren als Nebenkläger mit den sich daraus ergebenden Rechten anzuschließen.[18]

Zu differenzieren ist weiterhin danach, ob es sich bei dem verletzten Opfer um ein Kind, eine oder einen Jugendliche/n oder eine volljährige Person handelt. Diese Unterscheidung ist auch und gerade bei der Darstellung der rechtlichen Aspekte bedeutsam.

Aufgrund der sich aufdrängenden Folgen von Sexualstraftaten gegenüber Kindern ist eine „Bundeseinheitliche Handreichung zum Schutz kindlicher (Opfer-)Zeugen im Strafverfahren"[19] erlassen worden. In ihr werden die wichtigsten Regelungen zum Schutz kindlicher (Opfer-)Zeugen im Strafverfahren zusammengefasst und Empfehlungen für die Bearbeitung dieser Verfahren durch Staatsanwaltschaft und Gericht ausgesprochen. Zutreffend ist die Ansicht von *Klusenwerth*[20], die eine Heranziehung dieser Handreichung auch in Verfahren für jugendliche, heranwachsende und erwachsene Opfer sexueller Gewalt anregt.

Ungesehen dessen sind Kinder nach dem Gesetz erst ab dem Alter von 7 Jahren beschränkt geschäftsfähig (§ 106 BGB). Im Gegensatz zu Kleinkindern und Babys haben sie dadurch aber zumindest die Möglichkeit, rechtsgeschäftlich wirksame Willenserklärungen abzugeben. Voraussetzung ist lediglich, dass diese ausschließlich rechtlich vorteilhaft sind (§ 107 BGB). Andernfalls bedürfen Kinder und Jugendliche bis zur Volljährigkeit der gesetzlichen Vertretung. Die beschränkte Geschäftsfähigkeit erlangt bereits im Kontext mit

---

[16] Siehe dazu ausführlich unter 13.3.
[17] Vgl. §§ 406d ff. StPO
[18] Ausnahmen: §§ 180a, 181a, 183–184b StGB, die folglich im Rahmen der weiteren Untersuchung keine Berücksichtigung finden müssen. Es handelt sich hierbei im weiteren Sinne um die Tatbestände der Zuhälterei und Erregung öffentlichen Ärgernisses.
[19] Bundesministerium der Justiz (Hrsg.), April 2001, auch im Internet abrufbar.
[20] Vgl. *Klusenwerth* „Das staatsanwaltliche Ermittlungsverfahren wegen sexueller Nötigung und Vergewaltigung" In: Opferschutz im Strafverfahren (Hrsg. *Friesa Fastie*), 2002, S. 109 ff., 110.

der Beauftragung eines Rechtsanwalts Bedeutung. Das Opfer einer Sexualstraftat hat bis zum 16. Lebensjahr einschließlich einen Anspruch auf kostenlose anwaltliche Vertretung.[21] Im Rahmen der Wahrnehmung der den Verletzten zukommenden Informations- und Schutzrechte[22] kann mithin ein Mandat wirksam erteilt werden. Anders ist es aber bereits dann, wenn dem Verfahren auch als Nebenkläger/Nebenklägerin beigetreten werden soll.[23] Es ist deshalb in diesen Fällen zunächst zu klären, welche Personen als gesetzliche Vertreter in Betracht kommen. Gesetzliche Vertreter sind die Personen, denen im Einzelfall das Sorgerecht zusteht. Gem. § 1626 BGB haben entweder die Eltern gemeinsam, ein Elternteil allein (§§ 1671 ff. BGB) oder ein Vormund (§§ 1773 ff. BGB) das Sorgerecht. Gesetzliche Vertreter sind jedoch von der Vertretung im Strafverfahren ausgeschlossen, wenn er oder sie selbst beschuldigt ist. Ausgenommen sind darüber hinaus diejenigen Vertreter, die mit dem oder der Beschuldigten ein gemeinsames Sorgerecht ausüben oder allein sorgeberechtigt sind, aber in einem Interessenkonflikt zu dem verletzten Opfer und dem Beschuldigten stehen. Gem. §§ 52 Abs. 2, 81c Abs. 3 StPO gilt dieser Ausschluss kraft Gesetzes bei Entscheidungen über die Ausübung des Zeugnisverweigerungsrechts und des Untersuchungsverweigerungsrechts (z. B. bei einer Glaubwürdigkeitsbegutachtung oder einer gynäkologischen Untersuchung). Hinsichtlich der Ausübung sonstiger Rechte des verletzten Kindes oder Jugendlichen im Strafverfahren, insbesondere bei der Frage, ob ein anwaltlicher Beistand beauftragt werden und/oder Nebenklage erhoben werden soll, muss der Ausschluss gerichtlich festgestellt werden (Teilsorgerechtsentzug gem. § 1629 oder 1666 BGB). In diesen Ausschlussfällen ist die gerichtliche Anordnung einer Ergänzungspflegschaft erforderlich. Zuständig für die Anordnung ist das Amtsgericht.[24] Das Amtsgericht bestellt einen Ergänzungspfleger oder eine Ergänzungspflegerin mit dem Aufgabenbereich „gesetzliche Vertretung im Strafverfahren". Die Aufgabe von Ergänzungspflegern besteht nicht in der juristischen, sondern in der sorgerechtlichen Vertretung des Kindes/Jugendlichen. Es sind die Interessen zu vertreten, die normalerweise durch die Mutter oder den Vater wahrgenommen würden. Daraus folgt, dass es sinnvoll sein kann, eine Person des Vertrauens als Ergänzungspflegerin oder Ergänzungspfleger zu bestellen. Der Ergänzungspfleger hat zu entscheiden, ob das Kind aussagen wird oder nicht. Darin erschöpft sich allerdings auch zugleich dessen Aufgabe.

---

21 §§ 406g Abs. 3 Zf. 1 i. V. m. § 397a Abs. 1 S. 2, 395 Abs. 1 Zf. 1a StPO.
22 Vgl. dazu oben/unten 13.3 und 13.4.
23 Vgl. *Lossen* „Die Nebenklage" In: Opferschutz im Strafverfahren (Hrsg. *Friesa Fastie*), 2002, S. 65 ff., 76.
24 § 1909 BGB, §§ 36 ff. FGG.

Auf die Folgen eines Strafverfahrens können Opfer mithin selbst oder durch ihre gesetzlichen Vertreter und/oder Rechtsbeistände aktiv einwirken. Als Opfer von Sexualstraftaten kommen ihnen die weitestgehenden Rechte der durch Straftaten Verletzten zu, die das Gesetz kennt. Als solche sind zu unterscheiden: Informations-, Anwesenheits-, Beanstandungs- und Beweisantragsrechte. Hat jeder Verletzte das Recht, vom Ausgang des Verfahrens unterrichtet zu werden[25], so kann das Opfer einer Sexualstraftat darüber hinaus praktisch in jedem Fall über eine anwaltliche Vertretung Einsicht in die Ermittlungsakten nehmen, ohne ein besonderes Interesse begründen zu müssen.[26] Es hat dabei Anspruch auf die sofortige, d.h. auch einstweilige Beiordnung oder Bestellung[27] eines Rechtsanwalts, der mithin von Beginn des Ermittlungsverfahrens an auf die Beachtung der dem verletzten Opfer zustehenden Rechte achten und diese geltend machen kann. Dem Anwalt ist die Anwesenheit bei allen staatsanwaltlichen und richterlichen Vernehmungen und sonstigen Untersuchungshandlungen gestattet, von denen er/sie auch zu unterrichten ist.[28] Bei der polizeilichen Vernehmung des/der Verletzten steht dem Rechtsanwalt zwar grundsätzlich kein ausdrückliches Anwesenheitsrecht zu. Das Opfer hat aber die Möglichkeit, zu dieser Vernehmung eine Person des Vertrauens hinzuzuziehen, mithin auch ihren/seinen Anwalt.[29] Mit dessen Hilfe können Fragen beanstandet oder einzelne Beweiserhebungen angeregt bzw. beantragt werden. Der Anspruch auf die im Regelfall einkommensunabhängige kostenlose Beiordnung einer anwaltlichen Vertretung stellt sicher, dass die durch das Gesetz vorgesehenen Opfer- und/oder Zeugenschutzvorkehrungen[30] auch eingehalten werden. Auf alle diese Möglichkeiten ist das Opfer einer Sexualstraftat umgehend durch die Polizeibehörden hinzuweisen.[31]

Das Strafverfahren, das auf ein Opfer zukommt, ist aber durch zwei „Rollen" und die damit verbundenen Rechte und Pflichten geprägt: Das Opfer ist einer-

---

25 § 406d Abs. 1 StPO; Mitteilung kann auch an einen Rechtsanwalt erfolgen, § 406d Abs. 2 StPO.
26 § 406e Abs. 1 StPO. U. U. kann es auch persönlich Auskunft und/oder Abschriften aus den Ermittlungsakten erhalten, vgl. § 406e Abs. 5 StPO.
27 Ist die Straftat ein Verbrechen oder das Opfer unter 16 Jahre alt, besteht Anspruch auf Beiordnung eines Rechtsanwalts – d. h. *einkommensunabhängig* auf einen *kostenlosen* Rechtsbeistand! In den anderen Fällen besteht der Anspruch auf die Bestellung eines Anwalts nach den Grundsätzen der Prozesskostenhilfe. Zur einstweiligen Bestellung vgl. § 406g Abs. 4 StPO.
28 Vgl. §§ 406f Abs. 1, 406g Abs. 2 StPO.
29 Vgl. § 406f Abs. 3 StPO.
30 Zum Opferschutzgesetz vom 18.12.1986, BGBl. I, S. 2496; zum Zeugenschutzgesetz BGBl. 1998/I, S. 820.
31 Vgl. § 406h StPO. Jede Polizeibehörde hat sog. Opferschutzmerkblätter vorliegen.

seits Verletzte/r der Straftat(en) und insoweit Verfahrenssubjekt! Es ist als Opfer einer Sexualstraftat im Regelfall zur Nebenklage befugt. Die anwaltliche Vertretung verfügt mithin über die gleichen Rechte und Pflichten wie der Verteidiger des Tatverdächtigen bzw. Beschuldigten. Andererseits ist es aber auch und insbesondere *Zeuge* bzw. *Zeugin* und insoweit Beweismittel! Daraus ergeben sich im wesentlichen Pflichten, die es zu beachten gilt und deren Beachtung unter Umständen auch mittels staatlichen Zwangs durchgesetzt werden kann.[32]

Das Strafverfahren beginnt, indem der Strafanzeige eine Vernehmung als Zeuge oder Zeugin der Straftat folgt. Zu dieser Vernehmung – so sie nicht gleich erfolgt – wird das Anzeige erstattende Opfer durch die zuständige Polizeibehörde geladen.[33] Erscheint es nicht, erfolgt eine Ladung von Seiten der Staatsanwaltschaft.[34] Dieser Ladung muss gefolgt werden, andernfalls droht die polizeiliche Vorführung.[35] Als Zeuge/Zeugin ist das Opfer zur Wahrheit verpflichtet, andernfalls macht es sich unter Umständen selbst strafbar.[36] Besteht eine insbesondere auf Verwandtschaft beruhende Nähebeziehung zu dem Tatverdächtigen, hat es allerdings das Recht, das Zeugnis zu verweigern.[37] Dieses Recht steht auch dem Arzt/der Ärztin bzw. dem/der Therapeuten/in zu, dem/der sich das Opfer anvertraut hat.[38] Über dieses Recht ist das Opfer oder seine gesetzliche Vertretung vor Beginn der Vernehmung zu belehren. Dieses Recht besteht im Laufe des Verfahrens fort, d. h. eine vor den Ermittlungsbehörden gemachte Aussage braucht vor dem Gericht nicht wiederholt zu werden. Die früher gemachten Angaben sind dann im Regelfall für das Gericht im Rahmen seiner Urteilsfindung nicht verwertbar.[39]

Die Zeugenvernehmung soll von (auch) psychologisch geschulten Beamten/innen durchgeführt werden. Das Opfer kann sich für diese Vernehmung eines anwaltlichen Beistands bedienen. Nach § 68b StPO ist Voraussetzung für die Bestellung eines Zeugenbeistands, dass der Zeuge seine Befugnisse bei der richterlichen Vernehmung in und außerhalb der Hauptverhandlung und bei

---

32 Vgl. insb. §§ 48 ff. StPO; 161a, 163a, 243 StPO.
33 Siehe näher dazu unter 13.1.
34 Vgl. Nr. 3 RiStBV.
35 Vgl. §§ 51, 161a Abs. 1, 162 StPO.
36 Vgl. §§ 145d, 164 StGB; auch BVerfGE 49, 280, 284.
37 Vgl. § 52 StPO.
38 Die Frage, ob diesem Recht des Arztes im Einzelfall eine Schweigepflicht entspricht, kann nicht allgemein beantwortet werden. Dazu findet sich in der Literatur und Rspr. eine umfangreiche Kasuistik. Grundsätzlich ist die Schweigepflicht strafbewehrt, § 203 StGB.
39 Vgl. § 252 StPO.

der staatsanwaltschaftlichen Vernehmung nicht selbst wahrnehmen kann. Dies wird in der Regel angenommen, wenn es sich bei den Opfern um Kinder oder Jugendliche handelt oder wenn sich der Zeuge in einer schwierigen tatsächlichen und rechtlichen Situation befindet und er seine prozessualen Rechte bei der Vernehmung möglicherweise nicht sachgerecht ausüben kann.[40] Eine Bestellung eines Zeugenbeistands erfolgt nicht, wenn der Zeuge bereits einen Rechtsanwalt als Beistand hat oder wenn ein Rechtsanwalt bereits von ihm hinzugezogen wurde.[41]

Das Opfer hat Anspruch darauf, zunächst die eigenen Wahrnehmungen zusammenhängend schildern zu dürfen. Fragen sollen erst im Anschluss gestellt werden. Der Idealfall – nur eine einzelne Vernehmung – kommt praktisch nicht vor. Trotz der mit der Vernehmungssituation verbundenen Belastungen erfolgen innerhalb eines Strafverfahrens im Regelfall mehrere Vernehmungen. Die Anzahl hängt vom Einzelfall ab. Liegen besondere Umstände vor, kann es schon während des Ermittlungsverfahrens zu einer richterlichen Vernehmung kommen.[42] Räumt der Beschuldigte das ihm vorgeworfene Verhalten in der gerichtlichen Hauptverhandlung nicht im Wege eines glaubhaften Geständnisses ein, erfolgt eine weitere Vernehmung vor Gericht. Aber auch einzelne, für die Aufklärung des Sachverhalts wesentliche Fragestellungen, können zu einer weiteren Vernehmung führen.

Um den mit der Vernehmung in Verbindung stehenden besonderen Belastungen begegnen zu können, sieht das Gesetz die Möglichkeit vor, den Vernehmungsinhalt mittels Video in Bild und Ton aufzuzeichnen.[43] Eine Videovernehmung kann auch durch die Staatsanwaltschaft durchgeführt werden. Unter besonderen Umständen kann das Video, um dem Opfer eine erneute Vernehmung zu ersparen, in die gerichtliche Hauptverhandlung im Wege des Augenscheins eingeführt und so zum Gegenstand der richterlichen Urteilsfindung gemacht werden. Im Rahmen der öffentlichen Hauptverhandlung gibt es weiterhin die Möglichkeit der audiovisuellen Vernehmung.[44] Dadurch kann vermieden werden, dass das Opfer dem Angeklagten direkt begegnen muss. Ungesehen der Tatsache, dass diese aufgezeigten vom Gesetzgeber geschaffenen Möglichkeiten an technische und aufgrund der zahlreichen Zulässigkeitsvoraussetzungen häufig auch an „beweiserhebliche" Grenzen stoßen, führen

---

40 Vgl. *Meyer-Goßner* Kommentar zur StPO, zu § 68b RN 3 f.
41 Vgl. §§ 397 Abs. 1 S. 2 i. V. m. 378, 397a, 406f Abs. 1, 406g StPO.
42 Siehe dazu näher unter 13.2.
43 Vgl. §§ 58a, 161a Abs. 1 S. 2 StPO. Siehe dazu näher unter 13.5.
44 Vgl. § 255a StPO. Siehe dazu näher unter 13.5.

sie in der Regel nach den dem Verfasser bekannten Erkenntnisquellen nicht zu der erhofften Minimierung der im Einzelfall notwendigen Vernehmungen. Von einer richterlichen Vernehmung ist zudem der Verteidiger des Beschuldigten zu benachrichtigen. Innerhalb der gerichtlichen Hauptverhandlung steht grundsätzlich allen Verfahrensbeteiligten das Recht zu, an den Zeugen/die Zeugin Fragen zu stellen. Hier sieht das Gesetz lediglich den besonderen Schutz von Opfern unter 16 Jahren vor, die ausschließlich vom Gericht und insoweit nur vom Vorsitzenden Richter befragt werden dürfen.[45]

Führen die Ermittlungen von Polizei und Staatsanwaltschaft, die aufgrund der Strafanzeige des Opfers durchgeführt wurden, zu einem Ergebnis, welches dank der vorhandenen Beweise eine Verurteilung des Beschuldigten im Rahmen der gerichtlichen Hauptverhandlung als wahrscheinlich erscheinen lässt, wird grundsätzlich Anklage durch die Staatsanwaltschaft erhoben (vgl. § 170 Abs. 1 StPO).[46] Die Anklageerhebung führt zum Übergang der Verfahrenshoheit von der Staatsanwaltschaft auf das Gericht. Innerhalb des sog. noch nicht öffentlichen Zwischenverfahrens prüft das Gericht, ob die Bewertung der Ermittlungsergebnisse durch die Staatsanwaltschaft zutreffend ist. Unter Umständen werden zusätzliche oder ergänzende weitere Beweise erhoben. Kommt auch das Gericht zu dem Schluss, dass eine Überführung des Angeschuldigten im Rahmen der gerichtlichen Hauptverhandlung als wahrscheinlich erscheint, eröffnet es das gerichtliche Hauptverfahren. Das Hauptverfahren besteht aus der Vorbereitung und der Durchführung der öffentlichen Hauptverhandlung.

Als Zeuge oder Nebenkläger wird das Opfer rechtzeitig von dem Termin der gerichtlichen Hauptverhandlung unterrichtet und geladen.[47] Es ist zum Erscheinen verpflichtet. Zu Beginn der öffentlichen Sitzung wird seine Anwesenheit festgestellt.[48] Vor seiner Vernehmung ist es über seine Rechte zu belehren. Zu seinem Schutz kann unter bestimmten Voraussetzungen die Öffentlichkeit von der Hauptverhandlung – zumindest während seiner Anwesenheit – ausgeschlossen werden.[49] Zur Vermeidung einer Begegnung mit dem Täter kann das Gericht auch den Angeklagten für den Zeitraum der Vernehmung von der Gerichtsverhandlung ausschließen.[50] Damit diese vom Gesetzgeber vorgese-

---
45 Vgl. § 241a StPO.
46 Siehe dazu ausführlich unter 13.2.
47 Vgl. §§ 214 Abs. 1, 397 Abs. 1 S. 2 i. V. m. 385 Abs. 1 S. 1, Abs. 4 StPO.
48 Vgl. § 243 Abs. 1, 2 S. 1 StPO.
49 Vgl. §§ 169 ff. GVG. Ferner unter 13.2.
50 Vgl. § 247 StPO.

henen Schutzmechanismen auch wahrgenommen werden, sollte sich jedes Opfer spätestens ab dem Beginn des gerichtlichen Verfahrens eines anwaltlichen Beistandes bedienen.[51] Nach der Zeugenvernehmung vor Gericht ist das Strafverfahren für das Opfer im Regelfall beendet.[52] Es ist vom Ausgang des Verfahrens zu benachrichtigen.

13.2 Die rechtlichen Folgen einer Strafanzeige im Einzelnen

13.2.1 Die Einleitung eines Ermittlungsverfahrens und deren Folgen

Für nahezu jedes Opfer einer Sexualstraftat stellt sich zunächst die Frage, ob und wenn ja, wie die Polizei von dem Tatgeschehen unterrichtet werden sollte. Macht es überhaupt Sinn, eine Anzeige zu erstatten? Das Gesetz unterscheidet in § 158 StPO zwischen Strafanzeige[53] und Strafantrag[54]; Anzeige und Strafantrag führen aber nicht in jedem Fall zur Einleitung eines Ermittlungsverfahrens.[55] Sie verpflichten die Staatsanwaltschaft und Polizei „nur" zur Prüfung und gegebenenfalls zum Einschreiten.[56] Ein Ermittlungsverfahren wird dann eingeleitet, wenn ein Anfangsverdacht besteht, d. h. wenn es nach den kriminalistischen Erfahrungen als möglich erscheint, dass eine verfolgbare Straftat vorliegt.[57] Sofern die Ermittlungsbehörden von dem Vorliegen einer Straftat auf

---

51 Siehe dazu näher auch unter 13.2.
52 Natürlich bleibt die Möglichkeit, dass das Gericht den Zeugen/die Zeugin nochmals lädt, der Angeklagte Berufung gegen das Urteil des Amtsgerichts einlegt oder das Urteil des Amts- oder Landgerichts infolge einer durch den Angeklagten erfolgreich eingelegten Revision aufgehoben wird und es so zu einer erneuten Hauptverhandlung mit der Notwendigkeit einer weiteren Zeugenaussage kommt. Zu einer erneuten Vernehmung könnte es schließlich auch kommen, wenn das Verfahren nach rechtskräftigem Abschluss aufgrund neuer Tatsachen wieder aufgenommen wird, vgl. §§ 359 ff. StPO.
53 Bloße Wissensmitteilung, durch die der Anzeigeerstatter einen Sachverhalt mitteilt, der nach seiner Meinung Anlass für eine Strafverfolgung bietet und damit anregt zu prüfen, ob ein Ermittlungsverfahren einzuleiten ist, vgl. BayObLG, NJW 1986, 441, 442.
54 Über die Wissensmitteilung hinaus macht der Anzeigeerstatter deutlich, dass der angezeigte Sachverhalt unbedingt verfolgt werden soll. Der Strafantrag enthält in der Regel zugleich den Antrag auf Erhebung der öffentlichen Klage. Vgl. *Pfeifer/Fischer* Kommentar zur StPO, zu § 158 RN 2.
55 *Wache* in: Karlsruher Kommentar zur StPO (KK), zu § 158 RN 1.
56 §§ 152 Abs. 2, 160 Abs. 1, 163 Abs. 1 StPO.
57 Vgl. *Meyer-Goßner* a. a. O., zu § 152 RN 4.

andere Weise Kenntnis erlangen, bedarf es keiner Strafanzeige. Es ist deshalb nicht möglich, die Strafverfolgungsbehörden zu sog. „Beratungsgesprächen" aufzusuchen. Ob vor der zuständigen Polizeibehörde und/oder Staatsanwaltschaft im Wege eines anonymisierten Beratungsgespräches Rat und Hilfe eingeholt werden kann[58], ist im Einzelfall mit den zuständigen Beamten zu klären.

Zuständig für die Durchführung des Ermittlungsverfahrens ist die Staatsanwaltschaft.[59] Demzufolge kann eine Strafanzeige bzw. ein Strafantrag auch vor der Staatsanwaltschaft erfolgen.[60] Beginnt nicht die Polizei, sondern die Staatsanwaltschaft als erste Ansprechpartnerin mit den Ermittlungen, bittet bzw. ersucht sie im Regelfall die Polizei um die vorzunehmenden Ermittlungshandlungen.[61] Es ist wichtig zu wissen, welche Abteilung bzw. welches Dezernat für die Bearbeitung von Straftaten gegen die sexuelle Selbstbestimmung zuständig ist. Die zuständige Polizeibehörde kann im Regelfall klären, ob es vor Ort Spezialabteilungen für einzelne Deliktsgruppen aus diesem Bereich gibt und wer innerhalb einer solchen Abteilung bzw. innerhalb eines bestimmten Dezernats Ansprechpartner ist. Verfügt beispielsweise die Staatsanwaltschaft selbst nicht über eine solche Spezialabteilung und/oder im konkreten Einzelfall nicht über einen kindgerechten Vernehmungsraum, der auch die Nutzung von Videotechnik ermöglicht, macht es Sinn, die Vernehmung bei der jeweils zuständigen Spezialabteilung der Kriminalpolizei durchführen zu lassen. Die Polizeibehörden verfügen zudem im Regelfall über spezialisierte Polizeibeamtinnen und Polizeibeamte.

Eine Strafanzeige hat deshalb unmittelbar zur Folge, dass das Opfer zur Vernehmung in die zuständige Dienststelle der Kriminalpolizei vorgeladen und durch geschulte Polizeibeamte vernommen wird. Die Eilbedürftigkeit bestimmt die Kurzfristigkeit der Vorladung. Die vernehmenden Beamten entscheiden nach eigenem Ermessen, ob eine Vertrauensperson bei der Vernehmung anwesend sein darf.[62] Insgesamt sollen überprüfbare Detailinformationen erfragt werden, z.B. Ereignisdaten wie Schulbesuche, Unternehmungen, Fahrten, Feste etc. Hierzu kommt es auf die Erlangung von Sachbeweisen wie

---

58 Vgl. dazu *Karl* Das staatsanwaltliche Ermittlungsverfahren mit minderjährigen Verletzen und die Aufgaben der Staatsanwaltschaft in diesen Verfahren in: Opferschutz im Strafverfahren (Hrsg. *Friesa Fastie*) 2002, S.85 ff., 85.
59 Vgl. §§ 152, 160 StPO.
60 Vgl. § 158 StPO.
61 Vgl. dazu ausführlich *Karl* a. a. O., S. 94 ff.
62 Vgl. *Fröhlich* a. a. O., S. 23.

Schriftstücke, Fotos, Gegenstände und alle Arten von Spuren an, die dazu dienen, den Sachverhalt lückenlos aufzuklären. Es gilt herauszufinden, ob es Tatzeuginnen und Zeugen gibt. Eine „Anzeigenrücknahme" ist in diesem Deliktsbereich grundsätzlich nicht möglich. Die Ermittlungsbehörden sind verpflichtet, diese Taten soweit wie möglich aufzuklären und zur Anklage zu bringen. Wenn ihnen dies nicht gelingt, dürfen und müssen sie das Verfahren einstellen.[63]

Was nach erfolgter Strafanzeige und erster Vernehmung geschieht, hängt im Wesentlichen vom Inhalt der von den Verletzten gemachten Angaben ab.[64] Ausschlaggebend für die Frage, ob ein Strafverfahren eingeleitet wird, ist mithin zunächst die Beurteilung der Aussage der Anzeige erstattenden Opfer, zumal es höchst selten weitere „unmittelbare" Zeugen in diesem Deliktsbereich gibt. In Verfahren zur Aufklärung und Ahndung von Sexualstraftaten bildet die Aussage der durch die Tat verletzten Zeugen/innen den zentralen Anhaltspunkt, an dem sich die Ermittlungstätigkeit und Beweisführung der Ermittlungsbehörden orientiert.

Alles Weitere hängt vom Einzelfall ab. Liegt die Tat noch nicht allzu lang zurück, kommt eine körperliche, insbesondere gynäkologische Untersuchung durch eine Fachärztin oder einen Facharzt in Betracht. Diese Untersuchung kann auf Anordnung des Gerichts auch zwangsweise angeordnet werden (vgl. § 81c StPO). Dennoch wird in diesem Bereich streng auf die Zumutbarkeit geachtet.[65] Geprüft wird immer die Notwendigkeit, die Tatorte abzufahren, den Verletzten Lichtbilder (soweit der Tatverdächtige unbekannt ist) vorzulegen oder andere Zeugen zu vernehmen. Dabei kommt es wesentlich auf Zeugen „vom Hörensagen" an, d.h. die Personen, die bereits vor der Offenbarung gegenüber der Ermittlungsbehörde von den Straftaten Kenntnis erhal-

---

63 Siehe dazu 13.2.
64 Vgl. *Fröhlich* a.a.O., S. 21. *Nach internen Vorgaben* sollte sich der die Anzeige aufnehmende Polizeibeamte bei der Aufnahme der Sachverhalte nicht nur auf eine kurze Darstellung beschränken, sondern auch vorhandene Besonderheiten und Charakteristika (Alter, Geschlecht, mögliche Behinderung etc.) vermerken. Grundsätzlich wird bei jeder ersten Vernehmung des Opfers ein *Vermerk* darüber angefertigt, wie der Zustand des Opfers war (z.B. zitterte …) und wie es zu der Vernehmung gekommen ist. Im Anschluss an die Aufnahme der Strafanzeige werden die Erkenntnisse *umgehend* den polizeilichen Fachdienststellen der Kriminalpolizei mitgeteilt. Dort wird zunächst über den weiteren Verfahrenslauf entschieden, vor allem in Hinblick auf mögliche „Sofortmaßnahmen", also alle notwendigen und unaufschiebbaren Maßnahmen, die eilbedürftig sind, wie Untersuchungen der oder des Verletzten, Durchsuchung, Festnahmen etc.
65 Vgl. *Fröhlich* a.a.O., S. 24f.

ten haben. Es ist für ein Opfer, das sich zu einer Strafanzeige entschließt, wichtig zu wissen, dass die Verurteilung des beschuldigten Tatverdächtigen zu einer gerechten Strafe in einer späteren Hauptverhandlung seiner, nicht ausschließlich von der möglicherweise anzweifelbaren Glaubwürdigkeit bzw. Glaubhaftigkeit ihrer/seiner Aussage abhängt. Ob der Beschuldigte verurteilt werden kann, hängt von einer Vielzahl von Umständen ab. Jede, den Inhalt der Aussage bekräftigende Tatsache, erhöht die Wahrscheinlichkeit einer späteren Verurteilung. Aus diesem Grund kommt Zeugen vom „Hörensagen" eine besondere Bedeutung zu.

Zu den Aufgaben der Staatsanwaltschaft gehört schließlich die Überprüfung dahingehend, ob ein Antrag auf Erlass eines Haftbefehls oder Unterbringungsbeschlusses gegen den Beschuldigten zu stellen ist. Der Beschuldigte bzw. Tatverdächtige kann, wenn „ein dringender Tatverdacht" vorliegt, mittels eines richterlichen Haftbefehls inhaftiert werden. Besteht dringender Tatverdacht und liegt ein Haftgrund vor, kann Sicherungshaft bereits nach der ersten Tat und ungeachtet der konkreten Strafandrohung angeordnet werden.[66] Von besonderer Bedeutung sind daher Angaben, die auf körperliche Spuren beim Tatverdächtigen hinweisen. In diesem Fall werden tatverdächtige Personen einer erkennungsdienstlichen Behandlung[67] unterzogen, bis hin zum sog. „genetischen Fingerabdruck".[68]

Die Staatsanwaltschaft prüft weiterhin die Erforderlichkeit von Maßnahmen zur Verhinderung einer Einflussnahme des Tatverdächtigen auf das Opfer. Bei Kindern und Jugendlichen kommt sowohl „Schutzhaft" als auch die Herausnahme aus der Familie in Betracht. Das Gesetz[69] sieht zudem die Möglichkeit vor, den Beschuldigten z. B. der Wohnung zu verweisen, Kontaktversuche zu unterbinden und Nachstellungen (sog. „Stalking") zu untersagen. Diese Maßnahmen können im Wege der einstweiligen Verfügung vorm zuständigen Amts- bzw. Familiengericht erzwungen werden. Kurzfristige Anordnungen können durch Kriminalbeamte getroffen werden, unter Umständen nach vorheriger Benachrichtigung des Jugendamtes. Die einzelnen Maßnahmen hängen mithin wesentlich von den Lebensumständen der Verletzten, aber auch des Täters ab. In den Fällen, in denen der Tatverdächtige

---

66 § 112a Abs. 1 Nr. 1 StPO; vgl. auch BVerfGE 19, 342, 350; *Meyer-Goßner* a. a. O., zu § 112a RN 6.
67 Vgl. § 81 b StPO.
68 Vgl. § 81 a, c, e, f, g StPO. Unter dem Vorbehalt eines richterlichen Beschlusses können z. B. auch eine Speichelprobe, eine monekular-genetische Untersuchung etc. angeordnet werden.
69 Vgl. das sog. „Gewaltschutzgesetz" vom 11. 12. 2001 BGBl. I, S. 3513.

sich im familiären Umfeld befindet, können die Ermittlungsmaßnahmen die gesamte Familie betreffen, wie beispielsweise die Anordnung einer Untersuchungshaft. Die Staatsanwaltschaft bezieht diese weit reichenden Folgen nicht bei der Entscheidung über die Beantragung eines Haftbefehls mit in ihre Erwägungen ein. Sie werden allerdings bei der Frage der Vollziehung des Haftbefehls vor dem Haftrichter berücksichtigt.

Werden in der Aussage Gegenstände, die als Spurenträger in Betracht kommen, genannt und wird zudem angegeben, wo sie sich befinden, kommt auch eine Durchsuchung der Wohnung oder anderer Räumlichkeiten sowie eine Beschlagnahme dieser Gegenstände in Betracht.[70] Eine Durchsuchung erfolgt in der Regel auf richterlichen Beschluss, ist aber in begründeten Ausnahmefällen auch ohne diesen Gerichtsbeschluss statthaft. Voraussetzung hierfür ist, dass „Gefahr im Verzug" vorliegt, d. h. ein Sachverhalt geschildert wird, der das sofortige Eingreifen der Ermittlungsbehörde zur Beweissicherung erfordert. Die Staatsanwaltschaft prüft schließlich, ob zur Beweissicherung eine richterliche Vernehmung des Opfers durchgeführt werden muss. Unter Umständen erwägt sie eine (verdeckte) Gegenüberstellung mit den Tatverdächtigen. Die Staatsanwaltschaft hat darüber zu entscheiden, zu welchem Zeitpunkt die übrigen Verfahrensbeteiligten, insbesondere der Verteidiger des oder der Beschuldigten, aber auch der Anwalt des Opfers Akteneinsicht bekommen.

13.2.2 Was passiert nach Abschluss der Ermittlungen?

In den Fällen, in denen zunächst die Polizei tätig geworden ist, hat sie nach Abschluss ihrer Ermittlungen ihre Ergebnisse ohne Verzug an die Staatsanwaltschaft zu übermitteln.[71] Die Staatsanwaltschaft trägt die Verantwortung für die Durchführung des Ermittlungsverfahrens und hat die Entscheidung über den Abschluss des Ermittlungsverfahrens zu treffen.[72]

Eine Einstellung des Verfahrens erfolgt (auch schon vor der Anklageerhebung) beispielsweise im Falle der Rücknahme der Strafanzeige, sofern ein Zeugnisverweigerungsrecht des Opfers/Zeugen besteht. In diesen Fällen ist für Staatsanwaltschaft und Gericht ein hinreichender Tatverdacht, sprich die

---

70 Vgl. §§ 102 ff., 94, 111b, 111c StPO.
71 Vgl. § 163 Abs. 2 StPO
72 Vgl. § 170 StPO

Wahrscheinlichkeit einer späteren Verurteilung des Täters, im Regelfall nicht mehr zu begründen. Die Tat kann ohne die Aussage des Opfers/Zeugen nicht bewiesen werden. Entsprechendes gilt, wenn ein aussagepsychologisches Gutachten[73] zu dem Ergebnis gelangt, dass aus gutachterlicher Perspektive die Angaben der verletzten Zeugin oder des verletzten Zeugen für eine gerichtliche Feststellung der behaupteten Vorwürfe nicht ausreichen. Ein solches gutachterliches Ergebnis ist nicht gleichbedeutend mit der Feststellung, dass das Geschilderte nicht der Wahrheit entspräche. Es stellt aber fest, dass der Inhalt der Aussage nicht mehr hinreichend sicher der richterlichen Urteilsfindung zugrunde gelegt werden kann. Wirken beispielsweise in der Zeit zwischen Tatgeschehen und Aussage viele neue Informationen und Eindrücke auf das verletzte Opfer ein, kann unter Umständen nicht ausgeschlossen werden, dass es bei der Aussage „Vermischungen" mit dem eigentlichen Tatgeschehen gibt, die nicht mehr auseinander gehalten werden können. Daraus folgt:

Verwandte, Freunde, Psychotherapeuten[74] oder andere vertraute Personen, denen ein Kind oder ein jugendliches oder erwachsenes Opfer eine Sexualstraftat offenbart, sollten es dringend unterlassen, diese Schilderungen zu interpretieren oder in anderer Form auf das Opfer einzuwirken. Es sollte lediglich abstrakt die Frage geklärt werden, ob eine Strafanzeige zu erfolgen hat oder nicht.

Sofern das geschilderte Tatgeschehen nicht verjährt ist[75], hat die Staatsanwaltschaft darüber zu entscheiden, ob das Verfahren eingestellt wird, ein Strafbefehl oder die Anklageerhebung erfolgt. Zu welcher der genannten Möglichkeiten sich die Staatsanwaltschaft entschließt, richtet sich nach den Gegebenheiten des Einzelfalles. Entscheidend für die weitere Vorgehensweise

---

73 Siehe dazu unter 13.4. Eine Überprüfung der Aussagequalität orientiert sich an den Angaben der Auskunftsperson. Entscheidend ist, ob der Inhalt auf eine glaubhafte Beschreibung von realen Erlebnissen schließen lässt. Die Aussage muss erkennen lassen, dass noch echte Erinnerungen vorhanden sind und Irrtümer ausgeschlossen werden können. Darüber hinaus wird die Glaubwürdigkeit anhand von Persönlichkeit, Motivation und Aussagesituation überprüft.

74 Die Hinzuziehung eines Psychotherapeuten führt zu einem Spannungsfeld zwischen Therapie bzw. Hilfe und der Durchsetzbarkeit des staatlichen Strafanspruchs. Sie stellt daher, so diese eine Entscheidung der Staatsanwaltschaft ist, eine typische Einzelfallfrage dar. Eine dahingehende Empfehlung ist maßgeblich von der individuellen Überzeugung des jeweils zuständigen Staatsanwalts abhängig.

75 Vgl. dazu § 78b Abs. 1 StGB: Ruhen der Verjährung bis zur Vollendung des 18. Lebensjahrs des Verletzten!

sind die Umstände der Tat, die Besonderheiten der Vorgehensweise des Täters und die Tatfolgen, aber auch das sog. Nachtatverhalten des Täters (Geständnis, Entschuldigung etc.) und natürlich die in der Person des Beschuldigten liegenden Besonderheiten. Welche Möglichkeit sich für den das Verfahren leitenden Staatsanwalt/Staatsanwältin eröffnet, hängt des Weiteren von der Schwere der Tat ab. Zu unterscheiden sind hier wiederum Verbrechen und Vergehen.[76] Handelt es sich um ein Vergehen, kann die Staatsanwaltschaft das Verfahren ohne Eintragung in das Bundeszentralregister nach den §§ 153, 153a StPO mit Zustimmung des Gerichts einstellen. Diese Einstellungsmöglichkeiten kommen allerdings nur bei „geringfügigen" Handlungen gegen die sexuelle Selbstbestimmung in Betracht, beispielsweise bei erstmalig nachgewiesenen exhibitionistischen Handlungen gegenüber fremden Kindern.[77] Voraussetzung für die Verfahrenseinstellung ist, dass der Täter seine Bereitschaft, sich mit der Tat auseinanderzusetzen, nachhaltig deutlich gemacht hat, beispielsweise durch den Beginn einer Therapie. Zudem muss das öffentliche Interesse an der Strafverfolgung befriedigt werden können, beispielsweise durch eine Geldzahlung an entsprechende Institutionen.

Das Strafbefehlsverfahren führt ebenfalls zu einer Verfahrensbeendigung ohne mündliche Hauptverhandlung. Voraussetzung hierfür ist, dass die Staatsanwaltschaft zu der Entscheidung gelangt, eine mündliche Hauptverhandlung zur Überführung des Täters sei entbehrlich, beispielsweise weil er geständig ist und von der Akzeptanz der im Strafbefehl verhängten Strafe ausgegangen werden kann. Im Rahmen des Strafbefehls kann, soweit der Beschuldigte anwaltlich vertreten ist, bis auf eine Freiheitsstrafe von 1 Jahr mit Strafaussetzung zur Bewährung entschieden werden. Ein Strafbefehl kommt nur bei Vergehen in Betracht, wird jedoch im Regelfall bei sexuell veranlassten Taten seitens der Staatsanwaltschaft nicht beantragt. Zum einen soll das Gefühl vermieden werden, der Täter könne sich „freikaufen", zum anderen setzt die Entscheidung über die angemessene Rechtsfolge regelmäßig den persönlichen Eindruck von dem Täter voraus. Mithin ist eine gerichtliche Hauptverhandlung notwendig.

Handelt es sich bei dem vorgeworfenen Verhalten um ein Verbrechen, ist die Staatsanwaltschaft verpflichtet, Anklage zu erheben. Unabhängig von der Frage, ob es sich bei dem Vorwurf um ein Verbrechen oder Vergehen handelt, hat die Staatsanwaltschaft Anklage zu erheben, wenn wegen der Besonderheiten in der Täterpersönlichkeit eine Unterbringung des Täters in einer

---

76 Siehe dazu unter 13.2.
77 Vgl. dazu auch *Karl* a. a. O., S. 100 f.

Entziehungsanstalt oder in einem psychiatrischen Krankenhaus in Betracht kommt. Entsprechendes gilt, wenn es sich um zahlreiche schwerwiegende Tatvorwürfe handelt, sodass ein besonderes öffentliches Interesse an einer gerichtlichen Hauptverhandlung besteht.

Mit der Erhebung der Anklage durch die Staatsanwaltschaft und deren Zustellung an den Angeschuldigten[78] beginnt das gerichtliche Verfahren. Die Bedeutung des anschließenden Zwischenverfahrens für die spätere (öffentliche!) Hauptverhandlung wird oft unterschätzt.[79] In diesem Verfahrensabschnitt kann das Gericht zur eindeutigeren Aufklärung des Sachverhalts noch einzelne Beweiserhebungen anordnen. Lehnt das Gericht die Eröffnung des Hauptverfahrens ab, steht der Nebenklägerin[80] das Rechtsmittel der sofortigen Beschwerde zu.

Soweit die Opfer nun aufgrund ihrer Zeugenrolle und dadurch einhergehender Ressentiments durch den Täter gefährdet sind, ist spätestens ab diesem Zeitpunkt alles Erforderliche zu unternehmen, um deren Sicherheit in enger Zusammenarbeit mit der Polizei zu gewährleisten. Der Gesetzgeber hat zahlreiche Möglichkeiten für den umfassenden Zeugenschutz geschaffen, die es zu nutzen gilt.[81]

Kommt es zu einer gerichtlichen Hauptverhandlung, können deren Folgen für das Opfer nicht generell beschrieben werden. Die Belastungen hängen vom Einzelfall ab. In einer öffentlichen Hauptverhandlung hat die Staatsanwaltschaft alle Möglichkeiten zu überprüfen, die den Schutz des/der Verletzten im Hauptverfahren gewährleisten. In der bereits erwähnten bundeseinheitlichen Handreichung[82] sind diejenigen Maßnahmen beschrieben, die sowohl Gericht als auch Staatsanwaltschaft vorzunehmen haben, um eine maximal geschützte Situation für das Opfer innerhalb des gerichtlichen Verfahrens zu schaffen. Die gerichtliche Hauptverhandlung ist im Wesentlichen durch die rechtstaatlichen Grundsätze des rechtlichen Gehörs[83], der Mündlichkeit[84], der Unmittelbarkeit[85] und der Öffentlichkeit[86] geprägt. Das Opfer muss grundsätzlich damit rechnen, im Rahmen einer gerichtlichen Hauptverhandlung durch

---

78 Vgl. §§ 199 bis 201 StPO.
79 Vgl. ausführlich *Blumenstein* a. a. O., „Das gerichtliche Verfahren", S. 169 ff.
80 Vgl. § 400 Abs. 2 StPO.
81 Vgl. dazu *Karl* a. a. O., S. 107 f.; Zeugenschutzgesetz Fußnote 25.
82 Vgl. dazu Fußnote 14.
83 Vgl. Art. 103 Abs. 1 GG, §§ 33, 163 a StPO
84 Vgl. §§ 249 ff. StPO.
85 Vgl. §§ 226, 250, 261, 263 StPO.
86 Vgl. §§ 169 ff. GVG.

das Gericht, die Staatsanwaltschaft und den Verteidiger vernommen zu werden. Es kann mithin sinnvoll sein, zum ersten Verhandlungstermin nur den Beschuldigten zu laden. In einem solchen Termin kann abgeklärt werden, ob es überhaupt einer erneuten Vernehmung des Opfers bedarf.

Um die Belastungen möglichst abzufedern, sieht das Gesetz sowohl formelle als auch materielle Regelungen zum Schutz des Opfers vor.[87] Handelt es sich bei dem verletzten Opfer um die Verlobte/den Verlobten oder die Ehegattin/ den Ehegatten oder Lebenspartner des Beschuldigten oder ist es mit dem Beschuldigten in gerader Linie verwandt oder verschwägert, in der Seitenlinie bis zum 3. Grad verwandt oder bis zum 2. Grad verschwägert oder bestand eine solche Beziehung zum Beschuldigten, kann das Opfer das Zeugnis – sprich die Aussage vor Gericht – verweigern.[88] Dies hat allerdings zur Folge, dass alle früheren Vernehmungen, mit Ausnahme einer richterlichen, unverwertbar werden.[89] Auch wenn kein Fall der Nebenklageberechtigung vorliegt, hat ein verletztes Opfer – worauf bereits hingewiesen wurde – Anspruch auf einen Zeugenbeistand [90] oder einen sog. Opferanwalt[91]. Ist das verletzte Opfer unter 16 Jahren, hat es Anspruch darauf, ausschließlich durch den Vorsitzenden/die Vorsitzende vernommen zu werden.[92] Bei Zeuginnen und Zeugen jeden Alters kann die Öffentlichkeit insbesondere dann ausgeschlossen werden, wenn bei der Vernehmung voraussichtlich Dinge zur Sprache kommen, die Schutz vor den Einblicken unbeteiligter Dritter verdienen – was bei sexuellem Missbrauch regelmäßig der Fall sein wird – und wenn das öffentliche Interesse an der öffentlichen Verhandlung nicht überwiegt.[93]

Da der Ausschluss der Öffentlichkeit ein hilfreiches Mittel ist, um die Belastungen eines Opfers abzumildern, dieses Mittel aber wegen der damit von den Gerichten zu prüfenden rechtlichen Fragestellungen nicht immer automatisch von den Gerichten aufgegriffen wird, wird spätestens hier deutlich, wie wichtig es für ein Opfer ist, sich eines anwaltlichen Beistands zu bedienen.[94] Dies gilt

---

87 Vgl. auch *Volbert/Pieters* „Zur Situation kindlicher Zeugen vor Gericht" (Hrsg.: Bundesministerium der Justiz) 1993, S.11 f.
88 Vgl. § 52 StPO.
89 Vgl. § 252 StPO.
90 Vgl. § 68 b StPO.
91 Vgl. § 406 f und g StPO.
92 Vgl. § 241 a StPO.
93 Vgl. hierzu die §§ 169 ff. des Gerichtsverfassungsgesetzes (GVG). Für Jugendliche finden sich dazu noch die Regelungen der §§ 48, 109 des Jugendgerichtsgesetzes (JGG).
94 Bei sexuellem Missbrauch von Kindern wird allerdings die Öffentlichkeit immer – auch ohne Antrag – vom Vorsitzenden Richter ausgeschlossen. In allen anderen Fällen erfolgt der Ausschluss nur auf Antrag eines Verfahrensbeteiligten!

umso mehr, als auch darauf hingewirkt werden kann, dass der Angeklagte von der Verhandlung ausgeschlossen wird[95], während das Opfer vernommen wird. Ersatzweise ist neben dem Ausschluss des Angeklagten schließlich die Videovernehmung während der Hauptverhandlung möglich[96]. Diese führt allerdings dazu, dass sich das Opfer anders als bei der richterlichen Vernehmung im Ermittlungsverfahren[97] keiner Person, sondern nur einer Kamera gegenüber sieht und sich mithin entweder allein oder nur zusammen mit einer Vertrauensperson in einem Raum befindet, in dem es aussagt. Schließlich kann eine erneute Vernehmung des Opfers im Einzelfall durch die Möglichkeit verhindert werden, richterliche Protokolle über frühere Vernehmungen zu verlesen.[98]

Kommt es zur Vernehmung, ist nochmals darauf hinzuweisen, dass jedes Opfer unabhängig von ihrem/seinem Alter einen gesetzlichen Anspruch darauf hat, zunächst eine zusammenhängende Schilderung abgeben zu dürfen.[99] Erst nachdem das Opfer alles erzählt hat, was aus seiner/ihrer Sicht bedeutsam ist, dürfen durch das Gericht und später durch die Staatsanwaltschaft und Verteidigung Fragen gestellt werden. Es ist hervorzuheben, dass die konkrete Form und Führung der Vernehmung von den jeweils zuständigen Richterinnen und Richtern abhängig ist. Dies gilt auch hinsichtlich der im Anschluss gestellten Fragen. Da die Verurteilung des Angeklagten im Regelfall von der Glaubhaftigkeit der Aussage des verletzten Opfers abhängt, wird an dieser Stelle nochmals die Notwendigkeit deutlich, sich eines anwaltlichen Beistands zu bedienen. Auch der bloße „Zeugenbeistand", sprich Opferanwalt, hat das Recht, Fragen des Vorsitzenden zu beanstanden[100] und hat auf diese Weise die Möglichkeit dafür Sorge zu tragen, dass durch eine den gesetzlichen Anforderungen entsprechende Form der Vernehmung, die Interessen des Opfers hinreichend geschützt werden.

---

95 Vgl. dazu § 247 StPO; *Karl* a. a. O., S. 105 f.; kritisch *Volbert/Pieters* a. a. O., S. 48.
96 Vgl. § 247a StPO.
97 Vgl. § 168e StPO.
98 § 255a Abs. 2 StPO regelt, das die Vernehmung eines Zeugen unter 16 Jahren durch die Vorführung einer Videoaufzeichnung einer früheren *richterlichen* Vernehmung ersetzt werden kann, wenn der Angeklagte und sein Verteidiger Gelegenheit zur Mitwirkung hatten. Diese weitgehende Unterbrechung des Unmittelbarkeitsgrundsatzes soll die besonders zu schützenden jungen Opfer vor psychischen Belastungen und Beeinträchtigungen einer Aussage im Rahmen der Hauptverhandlung bewahren. Allerdings ist in entsprechender Anwendung des § 251 StPO auf Videoaufzeichnungen das Einverständnis aller Prozessbeteiligten (Staatsanwalt, Verteidiger, Angeklagter) für die Vorführung erforderlich. Gemäß § 255a Abs. 2 S. 2 StPO ist schließlich eine ergänzende Vernehmung zulässig. Folglich wird das gesetzgeberische Ziel im Ergebnis durch diese Vorschrift nicht umgesetzt, vgl. auch *Meyer-Goßner* a. a. O., zu § 255a RN 7.
99 Vgl. § 69 Abs. 1 StPO.
100 Vgl. § 406f Abs. 2 StPO

13.2.3 Rechtsbeistand – oder: Folgen der Nebenklage

§ 395 Abs. 1 StPO bestimmt, wer sich der erhobenen öffentlichen Klage als Nebenkläger anschließen kann.[101] Zur Ausübung der dem Nebenkläger zustehenden Rechte muss das Opfer prozessfähig sein. Andernfalls kann der gesetzliche Vertreter den Anschluss erklären und die Nebenklagerechte stellvertretend wahrnehmen.[102] Der Anschluss ist in jeder Lage des Verfahrens zulässig; auch noch im Rechtsmittelverfahren.[103] Eine vor Erhebung der öffentlichen Klage bei der Staatsanwaltschaft oder dem Gericht eingegangene Anschlusserklärung wird mit der Erhebung der öffentlichen Klage wirksam. Wird auf das Nebenklagerecht verzichtet, so ist eine spätere Anschlusserklärung unzulässig.[104]

Zu den zur Nebenklage berechtigten Personen zählen insbesondere die durch Sexualstraftaten Verletzten. Als Verletzte sind sie Zeugen.[105] Das Opfer einer Sexualstraftat hat mithin im Rahmen eines Strafverfahrens die Möglichkeit, sich eines *Zeugenbeistandes*, eines *Verletztenbeistandes* und/oder eines/einer *Nebenklageanwalts/-anwältin* zu bedienen. Auf eine differenzierte Darstellung der Unterschiede wird vorliegend verzichtet, weil es sich im Bereich der Sexualstraftaten – worauf bereits hingewiesen wurde – im Regelfall um ein Delikt handelt, das den Anschluss des Opfers als Nebenkläger erlaubt.[106] Der An-

---

101 Vgl. *Lossen* a.a.O., S.79 f. die insbesondere auf die Grenzen der Nebenklage und insoweit darauf hinweist, dass die Verletzten aus dem gesamten Bereich der Bestrafung des Täters ausgeschlossen sind. Ferner ist auf § 80 Abs. 3 JGG hinzuweisen.
102 Vgl. *Meyer-Goßner* a.a.O., vor § 395 RN 7.
103 Vgl. *Meyer-Goßner* a.a.O., § 395 RN 12.
104 Ebenda.
105 Vgl. dazu 13.2.
106 Zeugen sind Personen, die eine Straftat beobachtet haben, von der sie selbst nicht betroffen sein müssen. Sie sind, solange ihnen kein Zeugnisverweigerungsrecht (§§ 52 ff. StPO) zur Seite steht, zur wahrheitsgemäßen Aussage verpflichtet. Sie können zur Wahrnehmung ihrer schutzwürdigen Interessen auf eigene Kosten eine anwaltliche Vertretung hinzuziehen bzw. diese sich unter bestimmten Voraussetzungen (vgl. § 68b StPO) auf Staatskosten beiordnen lassen. Der *Zeugenbeistand* wird beratend tätig, hat darüber hinaus aber keine Einwirkungsrechte auf das Ermittlungs- und Strafverfahren gegen den Beschuldigten. Zeuginnen und Zeugen, die selbst durch eine Straftat verletzt worden sind, haben aber zusätzliche Informations- und Schutzrechte, die sie in Anspruch nehmen können. Die anwaltliche Vertretung wird als *Verletztenbeistand* bezeichnet und hat gegenüber dem Zeugenbeistand hinaus ein beschränktes Akteneinsichtsrecht (§ 406e StPO). In der Praxis wenig bedeutsam ist in diesem Zusammenhang die Möglichkeit der Durchführung eines sog. Klageerzwingungsverfahrens (§§ 171, 172 StPO). Das Gesetz sieht über dieses Verfahren die Möglichkeit des Verletzten vor, im Falle der Einstellung eines Strafverfahrens im Ermittlungsverfahren im Wege der Klageerzwingung eine gerichtliche Entscheidung herbeizuführen. Demgegenüber haben zur Nebenklage berechtigte Verletzte grundsätzlich das Recht auf kostenlose anwaltliche Vertretung unabhängig vom Einkommen (§ 406g Abs. 3 i.V.m. 397a Abs. 1 StPO) oder im Wege der Prozesskostenhilfe (§ 406g Abs. 3 Zf. 2 StPO).

schluss als Nebenkläger eröffnet die weitestgehenden Rechte, da über die Nebenklage eine aktive Beteiligung der verletzten Opfer an dem Strafverfahren gewährleistet wird.[107] Das Opfer wird so von einem Verfahrensobjekt zum Verfahrenssubjekt, was im Ergebnis heißt, dass das Opfer ebenso wie der Beschuldigte bereits im Verlauf der polizeilichen Ermittlungsarbeit mitwirken kann.

Mit Hilfe des dem Opfer beigeordneten Rechtsanwalts kann von Beginn des Ermittlungsverfahrens an bis zum Abschluss des Verfahrens durch Anwesenheits-, Beanstandungs- und Beweisantragsrechte auf die richterliche Urteilsfindung Einfluss genommen werden.[108] Das Opfer hat gem. § 406g StPO die Möglichkeit, sich bereits zu Beginn des Ermittlungsverfahrens des Beistandes eines Rechtsanwalts zu bedienen. Maßgebend ist lediglich, ob ein Anfangsverdacht eines Nebenklagedelikts gegeben ist; die Tat braucht noch nicht ermittelt zu sein.[109] Nach Ansicht des Verfassers sollte mithin jedes Opfer, das seinem berechtigten Anliegen auf Bestrafung des Täters/der Täterin eine optimale Chance auf Verwirklichung geben will, sich mit Unterstützung der Vertrauensperson/der Beratungsstelle umgehend, d. h. noch vor der ersten polizeilichen Vernehmung an einen fachkompetenten Rechtsanwalt/Rechtsanwältin wenden. Mit Hilfe des Rechtsbeistandes wird eine optimale Kontrolle, Begleitung und Einflussnahme auf das Ermittlungsverfahren und spätere Hauptverfahren gewährleistet. Verfügt das Opfer nicht über entsprechende finanzielle Möglichkeiten, wird der Rechtsbeistand vom Staat bezahlt. Der Anspruch auf die kostenlose anwaltliche Vertretung besteht von Beginn des Ermittlungsverfahrens an.[110]

---

107 Vgl. ausführlich dazu *Lossen* a. a. O., S. 65–84.
108 Vgl. dazu *Meyer-Goßner* a. a. O., zu § 406g RN3; BGH NStZ 1997, S. 49. Nach § 397 StPO hat der Nebenkläger das Recht auf Anwesenheit in der Hauptverhandlung. Er darf nicht entspr. § 247 aus dem Gerichtssaal entfernt werden; er ist zur Anwesenheit auch berechtigt, wenn er als Zeuge vernommen werden soll. Die das Anwesenheitsrecht des Zeugen beschränkenden Vorschriften (§§ 58 Abs. 1, 243 Abs. 2 S. 1) gelten für ihn nicht (vgl. *Meyer-Goßner* a. a. O., zu § 58 RN 3; § 243 RN 8). Der Nebenkläger muss vom Gericht ebenso wie der Privatkläger nach § 385 Abs. 1 StPO angehört werden. Er ist unter anderem vor der Einstellung des Verfahrens nach §§ 153 ff. StPO hinzuzuziehen und zu hören. In der Hauptverhandlung hat der Nebenkläger das Ablehnungsrecht gegenüber Richtern (§§ 24, 31 StPO) und Sachverständigen (§ 74 StPO). Er ist zur Befragung von Angeklagten, Zeugen und Sachverständigen berechtigt (§ 240 Abs. 2 StPO). Der Nebenkläger kann Anordnungen des Vorsitzenden und Fragen beanstanden (§§ 238 Abs. 2, 242 StPO). Ihm steht ferner das Beweisantragsrecht zu, aber nur im Rahmen seiner Anschlussberechtigung. Darüber hinaus kann der Nebenkläger Beweispersonen unmittelbar laden lassen. Schließlich hat er das Recht zur Abgabe von Erklärungen (§§ 257, 258 StGB); ihm muss vor dem Angeklagten und nach dem Staatsanwalt das Wort zum Schlussvortrag erteilt werden; auf den Schlussvortrag des Angeklagten darf er erwidern.
109 Vgl. LG Baden-Baden NStZ-RR 2000, S. 52.
110 Vgl. §§ 406g Abs. 1 und Abs. 3; 397a Abs. 1 S. 2 StPO; *Lossen* a. a. O., S. 71 f.

Aus dem gesamten Bereich der „Bestrafung" des Täters bleibt allerdings auch der Nebenkläger ausgeschlossen. Ferner ist auf § 80 Abs. 3 JGG hinzuweisen. Die Nebenklage ist grundsätzlich unzulässig, wenn es sich bei dem Täter um einen Jugendlichen (14- bis 17-jährige Beschuldigte) handelt.[111]

Zu beachten ist aber, dass die Begleitung des Opfers allein durch einen Rechtsanwalt im Verlauf des Strafverfahrens im Regelfall unzureichend ist. Vielmehr bedarf das Opfer einer professionellen, ergänzend psychosozialen Unterstützung. Diese Feststellung hängt mit dem Umstand zusammen, dass der tatsächliche Ablauf der gerichtlichen Hauptverhandlung, die im Regelfall die größte psychische Belastung für den/die Verletzte/n darstellt. Während der Verhandlung ist der das Strafverfahren begleitende Rechtsanwalt überwiegend mit der sachgerechten Nebenklagevertretung und folglich mit dem Prozessgeschehen in der Hauptverhandlung beschäftigt, während das verletzte Opfer den Verhandlungssaal häufig erst dann betreten darf, wenn es als Zeugin/Zeuge zur Sache aufgerufen wird. Zudem muss das Opfer den Verhandlungssaal im Anschluss an die Vernehmung häufig wieder verlassen. Grund dafür sind Beweisfragen im Zusammenhang mit ihrer/seiner Aussage, die zu entsprechenden Absprachen zwischen Nebenklägervertretern und Gericht führen. Seit der Einführung der Videovernehmung besteht darüber hinaus die Möglichkeit, dass der/die Betroffene sogar während seiner/ihrer Vernehmung den anwaltlichen Beistand nicht unmittelbar in Anspruch nehmen kann (Videosimultanübertragung). Darauf zu vertrauen, dass in dieser schweren Situation eine Vertrauensperson, etwa eine Freundin oder Freund oder auch Verwandte in der Lage sein werden, diese Belastung abzufedern, wäre realitätsfern. Diese Personen stehen meist ebenfalls unter höchster Anspannung, so dass notwendigerweise neben der anwaltlichen Vertretung auch und gerade während und im Strafverfahren eine professionelle psychosoziale Prozessbegleitung erforderlich ist.[112]

13.2.4 Das Opfer als Zeuge/Zeugin

Sofern es sich bei dem Opfer – wie in 2/3 aller Fälle! – um ein mit dem möglichen Täter in einem verwandtschaftlichen Verhältnis stehendes Kind, Jugendlichen oder Frau handelt, ist es zunächst über sein Zeugnisverweige-

---

111 Vgl. dazu aber OLG Koblenz, NJW 2000, S. 2436, wonach zumindest die Ausübung aller einem nebenklageberechtigten Verletzten zustehenden Schutzrechte möglich sein soll.
112 Vgl. ausführlich *Lossen* a. a. O., S. 82 ff.

rungsrecht nach § 52 StPO zu belehren.[113] Verfügen Opfer nicht über die ausreichende Reife, um selbstständig über ihr Zeugnisverweigerungsrecht zu entscheiden, ist zunächst der sorgeberechtigte Elternteil darüber zu belehren. Sind ein oder beide Elternteile tatverdächtig oder der alleingesetzliche Vertreter, wird über die Staatsanwaltschaft die Bestellung einer Ergänzungspflegerin oder eines Ergänzungspflegers in Zusammenarbeit mit dem zuständigen Jugendamt und dem Familiengericht angeregt.[114]

Im Anschluss daran wird über die Wahrheitspflicht belehrt (§ 57 StPO). Das Gesetz schreibt vor, dass die Belehrung grundsätzlich vor Beginn der Vernehmung zu erfolgen hat. Andernfalls werden die Angaben im weiteren Verlauf des Verfahrens so behandelt, als wären sie nie erfolgt (Verwertungsverbot). Bei Straftaten, die sich gegen die sexuelle Selbstbestimmung richten, hängt in der Regel – worauf bereits hingewiesen wurde – das gesamte Strafverfahren von der Aussage des Tatopfers ab. Unabhängig davon, ob die Vernehmung von der Kriminalpolizei oder der Staatsanwaltschaft durchgeführt wird, wird daher im Anschluss durch die Staatsanwaltschaft geprüft, ob der Ermittlungsrichter eingeschaltet werden muss (Nr. 10 RiStBV).

Wird eine ermittlungsrichterliche Vernehmung zur Beweissicherung durchgeführt, beispielsweise weil es sich bei dem Opfer um eine/einen Angehörigen des Beschuldigten handelt[115], gelten folgende Besonderheiten: Der Ermittlungsrichter hat das Recht, die Zeugen zu vereidigen.[116] Das Opfer hat einer Ladung zu folgen, ist also zum Erscheinen verpflichtet. Der Beschuldigte kann von einer solchen Vernehmung ausgeschlossen werden, sein Anwalt im Regelfall nicht.[117] Im Übrigen kann die frühe richterliche Vernehmung von „schicksalhafter Beweiskraft" sein.[118] Entschließt sich das zur Zeugnisverweigerung berechtigte Opfer auch vor dem Ermittlungsrichter nicht auszusagen, führt diese Entscheidung im Regelfall zu einer Einstellung des Ermittlungsverfahrens. Sagt es hingegen aus, münden diese Angaben voraussichtlich in ein Gerichtsverfahren mit einer öffentlichen Hauptverhandlung.

Folgende Besonderheiten gilt es zu beachten: Kinder bis zu ihrem einschließlich 13. Lebensjahr werden nicht vernommen, sondern nur angehört. Über

---

113 Siehe dazu bereits 13.2.
114 Siehe dazu bereits 13.2.
115 Vgl. §§ 52, 252 StPO.
116 Vgl. §§ 162, 169, 173 Abs. 3, 202 S. 1, 65 StPO.
117 Vgl. dazu *Dahs*, Handbuch des Strafverteidigers, Rn. 231.
118 Vgl. *Rudel* Die ermittlungsrichterliche Tätigkeit im staatsanwaltlichen Verfahren in: Opferschutz im Strafverfahren (Hrsg. *Friesa Fastie*) 2002, S. 131 ff., 143 ff.

das Gespräch, insbesondere über die einzelnen an das Kind gerichteten Fragen und die darauf gegebenen Antworten, wird ein Protokoll erstellt. Dabei gilt ergänzend der Grundsatz, dass Mehrfachvernehmungen vermieden werden sollen, weil sie eine zusätzliche Belastung sein können.[119]

Eine Vernehmung stellt naturgemäß eine große Belastung dar. Die Ermittlungsbehörden sind gesetzlich verpflichtet (Amtsermittlungsgrundsatz), das Geschehen insgesamt festzustellen. Daraus resultieren für das Opfer zwei Fragen: Darf ich eine Person des Vertrauens (Erziehungsberechtigte, Freunde, Betreuer etc.) teilnehmen lassen?[120] und: Was muss ich schildern?

Eine dritte Person soll grundsätzlich bei der Vernehmung nicht anwesend sein. Zum einen könnte diese Person noch als Zeugin oder Zeuge vom „Hörensagen" im Rahmen des weiteren Strafverfahrens in Betracht kommen. Zum anderen beeinflussen Dritte erfahrungsgemäß in der Praxis das Aussageverhalten in nicht förderlicher Art und Weise. So fördert allein das Beisein Dritter die Tendenz, das Tatgeschehen zu dramatisieren, um beispielsweise eigene Handlungsweisen zu rechtfertigen.

Die Ermittlungsbehörden sind verpflichtet, detailliert danach zu fragen, was, wann, wo, wie oft mit wem geschah. Es ist mithin jedes Detail zu schildern. Aus Sicht des Opfers führt dies praktisch dazu, dass es alles noch einmal von Anfang an Revue passieren lassen muss. Zudem gilt: Nichts auslassen, aber auch nichts übertreiben. Der „Erfolg" eines Strafverfahrens hängt wesentlich davon ab, dass das Opfer als Zeuge von Anfang an bei der Wahrheit bleibt (§ 57 StPO!). Ab dem 14. Lebensjahr ist die Zeugin/der Zeuge auch für den Inhalt ihrer/seiner Angaben strafrechtlich verantwortlich. Beschuldigt das Opfer wider besseren Wissens eine andere Person, kommt eine Strafbarkeit wegen Vortäuschen einer Straftat oder falscher Verdächtigung (§ 145d, 164 StGB) in Betracht. Dies gilt auch dann, wenn wichtige Informationen verschwiegen werden und dadurch der Täter gedeckt werden soll.

Die Glaubhaftigkeit der Zeugenaussage des Opfers lässt sich nur beurteilen, wenn umfassende Angaben gemacht werden. Das heißt, dass nicht nur der Kernbereich des eigentlichen Tatgeschehens zu schildern ist, sondern darüber hinaus auch der sog. Randbereich des Geschehens ausführlich dargelegt werden muss. Es sind mithin auch Angaben zur Vorgeschichte der Tat, zu evtl. frü-

---

119 Vgl. *Fröhlich* a. a. O., S. 32 f.
120 Vgl. *Fröhlich* a. a. O., S. 33; *Fastie*: „Das strafrechtliche Ermittlungsverfahren bei sexuellem Missbrauch". In: *Ursula Enders* (Hrsg.): „Zart war ich, bitter war's." Handbuch gegen sexuellen Missbrauch 2001, S. 269 ff.

heren Beziehungen zum Täter, aber auch zum Geschehen nach der Tat und zur Motivation der Anzeige zu machen. Nur mittels derartiger Angaben kann im Rahmen der späteren richterlichen Beweiswürdigung eine Aussageanalyse vorgenommen werden, auf deren Grundlage der Beschuldigte verurteilt werden kann. Werden Angaben zur Vor- und Nachgeschichte nicht gemacht, eröffnen sich zahlreiche Verteidigungsmöglichkeiten für den Beschuldigten.

Die Glaubwürdigkeit und Aussagetätigkeit des Opfers als Zeuge kann unter bestimmten Umständen von einem Sachverständigen überprüft werden.[121] Bei Kindern oder Jugendlichen kann von einem Psychologen ein Glaubwürdigkeitsgutachten erstellt werden. Allerdings ist dazu die Einwilligung erforderlich.[122] Im Übrigen kann ein Sachverständiger zu einer öffentlichen Hauptverhandlung hinzugezogen werden.[123]

Das Opfer hat auch und insbesondere als Zeuge während des Verfahrens ein Recht auf angemessene Behandlung und Ehrenschutz.[124] Zur Aufklärung der Tatumstände lassen sich zwar unangenehme oder bloßstellende Fragen nicht immer vermeiden. Das Opfer kann aber verlangen, dass möglichst schonend mit ihm umgegangen wird.[125] Fragen nach entehrenden oder nach dem persönlichen Lebensbereich unterfallenden Tatsachen sollen nur gestellt werden, wenn dies unerlässlich ist. Zu diesem Lebensbereich gehören die Intimsphäre, aber auch private Eigenschaften oder Neigungen.[126] Unerlässlich ist die Befragung nur, wenn andernfalls die Wahrheit nicht aufgeklärt werden kann.[127]

13.2.5 Probleme im Zusammenhang mit der Videovernehmung

Mit dem Ziel, Opferschonende „Einmalvernehmungen" zu ermöglichen, sieht das Gesetz – worauf bereits hingewiesen wurde – die Möglichkeit des Einsatzes der Videotechnik vor.[128] Die Vernehmung soll bei durch die Straftat

---

121 Vgl. BGH NStZ 1981, S.400.
122 Vgl. § 81c StPO; BGHSt 7, 82, 85; 14, 21, 23.
123 Vgl. auch Nr. 19 in Abs. 4 RiStBV.
124 Vgl. BVerfGE 38, 105, 114 ff.
125 Vgl. *Meyer-Goßner* a. a. O., zu § 68a RN 1.
126 Vgl. *Meyer-Goßner* a. a. O., zu § 68a RN 1 ff.
127 Vgl. BGHSt 13, 252, 254.
128 Vgl. § 58a, 161a, 247a, 255a StPO, Nr. 19 RiStBV.

verletzten Zeugen unter 16 Jahren aufgezeichnet werden. Sie soll auch dann aufgezeichnet werden, wenn das Risiko besteht, dass der Zeuge während der Hauptverhandlung nicht vernommen werden kann und die Aufzeichnung zur Wahrheitsfindung erforderlich ist. Der Einsatz von Videotechnik dient dem Schutz des Zeugen und damit dem Opfer. Eine in Bild und Ton festgehaltene Vernehmung soll nicht wiederholt werden müssen.[129] Mehrfachbefragungen sind dennoch in der Praxis der Regelfall.[130]

Auf die einzelnen Probleme, die sich in diesem Zusammenhang aus Gesetzesauslegung und -anwendung ergeben, soll im Rahmen dieser Darstellung nicht eingegangen werden. Diesbezüglich wird auf die zu diesen Fragen zahlreich vorhandene Literatur verwiesen.[131] Das Originalband (die Aufnahme) wird versiegelt und unter Verschluss gehalten. Die Opfer erlangen keine Besitz- oder Urheberrechte an der Aufzeichnung. Sie können auch keine Kontrolle über deren Verwendung ausüben. In diesem Zusammenhang stellt sich die viel diskutierte Rechtsfrage, ob es sich bei den Videobändern als Bildtonträger um Bestandteile der Ermittlungsakte oder um Beweismittel handelt. Der Verteidiger des Beschuldigten hat Anspruch auf Einsicht in die vollständige Ermittlungsakte. Handelt es sich bei den Videobändern um Bestandteile der Ermittlungsakte, müssen dem Verteidiger diese zur Einsicht überlassen werden. Unmittelbare weitere Folge wäre, dass sich die Aushändigung sogar als Kopie an den Täter nicht verhindern ließe. Es bedarf keines besonderen Hinweises, dass in diesem Falle das Persönlichkeitsrecht der betroffenen Opfer in erheblicher Weise verletzt würde. Aufgrund dieser unklaren Rechtssituation hat die Videovernehmung im Ermittlungsverfahren eine nur untergeordnete Bedeutung.

Ein unleugbarer Vorteil der Videoaufnahme der ersten polizeilichen Befragung liegt jedoch darin, dass im Rahmen einer gerichtlichen Hauptverhandlung die Aussagegenese transparent gemacht werden kann.[132] Sie bildet die Grundlage

---

129 Vgl. *Meyer-Goßner* a. a. O., zu § 58 a RN 1.
130 Vgl. *Blumenstein* „Das gerichtliche Verfahren" In: Opferschutz im Strafverfahren (Hrsg. *Friesa Fastie*) 2002, S. 169 ff., 176 f.; *Karl* a. a. O., S. 91 ff.; *Nöthe-Schürmann* „Der Umgang mit Verletzten im polizeilichen Ermittlungsverfahren …" In: Opferschutz im Strafverfahren (Hrsg. *Friesa Fastie*) 2002, S. 45 ff., 54 ff.
131 Ungesehen dessen gibt es in einigen Regionen Vereinbarungen zwischen Polizei und Staatsanwaltschaft über das Vorgehen bei Akteneinsicht mit Videovernehmungen. Dort können die Verteidiger und Verteidigerinnen die Bänder lediglich unter Aufsicht der Polizei oder Staatsanwaltschaft sichten. Ob dies rechtlich zulässig ist, ist noch nicht entschieden. Vgl. *Rieß*, StraFo 1999, S. 1, *Leitner* StraFo 1999, S. 45, *Diemer* NJW 1999, 1667.
132 Vgl. BGH NStZ 1994, S. 297.

für ein seitens der Verteidigung beantragtes Glaubwürdigkeitsgutachten. Im Anschluss an die polizeiliche Vernehmung aufgetretene Einflussfaktoren (beispielsweise therapeutische Maßnahmen) können für das Gericht nachvollziehbar dargelegt werden. Videoaufzeichnungen bilden aber auch ein Podium für kritische und verunsichernde Fragen eines Verteidigers. Ob im Einzelfall von der gesetzlichen Möglichkeit einer Videoaufzeichnung Gebrauch gemacht werden sollte, kann demnach nur unter Berücksichtigung der jeweiligen Besonderheiten des Einzelfalls und der Kenntnis von der videotechnischen Ausstattung der mit dem Fall betrauten polizeilichen Fachdienststelle entschieden werden.

13.3 Möglichkeiten eines „gerechten Tatausgleichs"

13.3.1 Staatliche Sanktionen – die Stellung des Opfers?

Im Mittelpunkt des staatlichen Sanktionsanspruches steht der Täter, nicht das Opfer.[133] Auf die Art und den Umfang der Strafe haben die Opfer keinen unmittelbaren Einfluss. Die festgesetzten staatlichen Sanktionen gewinnen aber dort an Bedeutung, wo ein mittelbarer Einfluss gegeben sein kann. Ein solcher Fall liegt zum Beispiel vor, wenn der Angeklagte zu einer Freiheitsstrafe verurteilt wird, die zur Bewährung ausgesetzt wird. Im Rahmen des Bewährungsbeschlusses kann das Gericht Auflagen und/oder Weisungen festsetzen. Auflagen sind Maßnahmen, die der Genugtuung für begangenes Unrecht dienen[134], wie Schadenswiedergutmachung, Zahlung eines Geldbetrages an eine karitative Einrichtung etc. Weisungen sind Hilfsmaßnahmen für den Täter, damit er keine Straftaten mehr begeht.[135] Für das Opfer ist wichtig, dass das Gericht dem Täter den Umgang mit dem Opfer untersagt. Auch an dieser Stelle ist wieder darauf hinzuweisen, dass es für das Opfer ratsam ist, sich eines Zeugen-, Opferbeistands oder einer Nebenklagevertretung zu bedienen, um eine „Kontaktsperre" bereits innerhalb der Hauptverhandlung ausdrücklich und mit Nachdruck zu verlangen. Das Gericht kann dann eine Weisung erlassen, die es dem Verurteilten untersagt, mit dem verletzten Opfer Kontakt aufzuneh-

---

133 Vgl. *Gold-Pfuhl* „Strafrechtliche Sanktionsmöglichkeiten, Strafvollstreckung und Schadenersatz im Interesse von Verletzten" In: Opferschutz im Strafverfahren (Hrsg. *Friesa Fastie*) 2002, S. 197 ff. *Gropp* „Strafrecht Allgemeiner Teil", § 1 RN 88 ff.; *Tröndle/Fischer* a. a. O., vor § 38 m. w. N.
134 Vgl. § 56b Abs. 1 StGB.
135 Vgl. § 56c Abs. 1 StGB.

men.[136] Im Einzelfall kommt einer solchen Weisung höhere Bedeutung zu, als die Auflage, eine Wiedergutmachung in Form einer Geldzahlung[137] an das verletzte Opfer zu leisten. Kommt der Täter den Auflagen nicht nach, muss er damit rechnen, dass seine Bewährung widerrufen wird und er die Freiheitsstrafe absitzen muss. Es obliegt auch hier wiederum dem verletzten Opfer, dafür Sorge zu tragen, dass die zuständigen Behörden von Zuwiderhandlungen des Täters gegen Auflagen und Weisungen erfahren.

Für das Opfer ist weiterhin von großem Interesse, ob es im Falle des Vollzuges einer Freiheitsstrafe davon unterrichtet wird, wann der Verurteilte die Strafe antreten muss, ob und wenn ja wie lange Strafaufschub gewährt wird oder ob der Vollzug durch Ausgang und/oder Urlaub[138] gelockert wird. Hierzu ist zu sagen, dass es im pflichtgemäßen Ermessen der einzelnen Justizvollzugsanstalt liegt, ob die Verletzten im Einzelfalle Auskunft über den Verbleib des verurteilten Täters erhalten.[139] Die Staatsanwaltschaft erteilt Auskunft über den Verbleib des Verurteilten nach rechtskräftigem Abschluss des Verfahrens[140] nach pflichtgemäßen Ermessen und ausschließlich berechtigten Personen. In Fällen, die zur Nebenklage berechtigen[141], (das sind in der Regel alle Straftaten gegen die sexuelle Selbstbestimmung), geht das Gesetz von einem berechtigten Interesse an der Auskunft aus[142], so dass die Anfrage, wo sich der Verurteilte aufhält, keiner näheren Begründung bedarf. Bei diesen Delikten ist es unmittelbar einsichtig, dass der Verletzte dem Täter nicht begegnen und deshalb über seinen Verbleib informiert werden möchte.[143]

Falls der Täter nicht oder nur eingeschränkt schuldfähig ist und von ihm weitere erhebliche Taten zu erwarten sind, kommt an Stelle seiner Strafe eine Maßregelung der Besserung und Sicherung[144] in Betracht. Der Täter wird in diesem Fall in einem psychiatrischen Krankenhaus oder in einer Entziehungs-

---

136 Vgl. § 56e StGB.
137 Vgl. § 56b Abs. 2 Nr. 1 StGB.
138 Vgl. §§ 13 f., 35 f. StVollzG.
139 Die JVA Hannover hat für Anfragen von Tatopfern ein sog. Opferbüro eingerichtet. Will ein Opfer über Vollzugslockerungen oder allgemein über den Verbleib des Täters informiert werden, so besteht die Möglichkeit dort Name und Anschrift registrieren zu lassen. Das Opferbüro gibt dann die nachgefragten Informationen an das Opfer weiter.
140 Vgl. § 406e StPO.
141 Vgl. dazu 13.2.
142 Vgl. § 406e Abs. 1 S. 2 StPO.
143 Dieses Recht besteht nur dann nicht, wenn Anhaltspunkte für einen „Rachefeldzug" des Verletzten bestehen.
144 §§ 61 ff. StGB.

anstalt untergebracht. Handelt es sich um einen besonders gefährlichen Wiederholungstäter, kann das Gericht neben einer Freiheitsstrafe oder Unterbringung die anschließende Sicherungsverwahrung[145] verhängen. Die Sicherungsverwahrung dauert nach Verbüßung der Freiheitsstrafe solange, wie es ihr Zweck erfordert. Ihre Notwendigkeit wird nach 2 Jahren[146] überprüft.

Auch wenn die Opfer an der Urteilsverkündung selbst nicht teilnehmen können, können sie bereits bei Anzeigeerstattung darum bitten, über den Ausgang des Verfahrens informiert zu werden.[147] Entsprechende Merkblätter sind auf jeder Polizeidienststelle und bei der Staatsanwaltschaft erhältlich. Sie werden dann vom Ausgang und mithin auch über entsprechende Entscheidungen des Gerichts unabhängig davon, ob sie an der gerichtlichen Hauptverhandlung teilnehmen, unterrichtet.

13.3.2 Der Täter-Opfer-Ausgleich?

Das Bemühen des Täters um eine Wiedergutmachung bei dem Opfer wird als Strafzumessungsgesichtspunkt berücksichtigt. Es ist daher fraglich, ob das Instrument des Täter-Opfer-Ausgleiches (TOA) im Bereich des sexuellen Missbrauchs überhaupt geeignet ist.[148] Schon im Ermittlungsverfahren ist von der Staatsanwaltschaft, später im Zwischen- oder Hauptverfahren vom Gericht ein möglicherweise in Betracht kommender Täter-Opfer-Ausgleich zu prüfen. Begrenzt werden jegliche Bemühungen um Ausgleich durch den ausdrücklich erklärten entgegenstehenden Willen des/der Verletzten.[149] TOA setzt somit immer das Einverständnis des Opfers voraus.[150] Der TOA ist nicht auf be-

---

145 Vgl. §§ 66, 72 StGB. Gemäß § 66 Abs. 3 StGB gilt diese Rechtsfolge insbesondere bei Sexualstraftätern. In Verbindung mit Änderungen im Bereich der Führungsaufsicht (§ 68 b StGB), der Strafaussetzung zur Bewährung (§§ 57 Abs. 1 S. 1 Nr. 2, 67d Abs. 2 S. 1 StGB, 88 Abs. 1 JGG), des Strafvollstreckungsrechts (§§ 454 Abs. 2, 463 Abs. 3 StPO) sowie des Strafvollzugsrechts (§ 9 Abs. 1 StVollzG) sollen damit flexiblere Möglichkeiten eröffnet werden, um den Schutz der Allgemeinheit vor gefährlichen Intensivtätern zu erhöhen, vgl. zum Ganzen *Tröndle/Fischer* a. a. O., zu § 66 RN 11 m. w. N.
146 Vgl. § 67e Abs. 2 StGB.
147 Vgl. § 406d StPO:
148 Vgl. *Nöthen/Schürmann* a. a. O., S. 53.
149 Vgl. § 155a S. 3 StPO.
150 Vgl. zum Ganzen *Eppenstein* „Täter-Opfer-Ausgleich – Zwischenbilanz und Perspektiven" In: Täter-Opfer-Ausgleich – Bonner Symposium (Hrsg. Bundesministerium der Justiz), 1992, S. 36 f.; *Delattre* „Falleinigungskriterien aus der Sicht der Ausgleichspraxis" In: Täter-Opfer-Ausgleich – Bonner Symposium (Hrsg. Bundesministerium der Justiz), 1992, S. 139.

stimmte Delikte beschränkt, kommt aber im Wesentlichen bei Körperverletzungsdelikten, Ehrdelikten, bei Freiheitsdelikten sowie bei Raub und Erpressung in Betracht.[151] TOA wird vom BGH aber auch bei Vergewaltigung mit späterer Versöhnung[152], in anderen Ausnahmefällen[153] sowie – was auf die besonderen Umstände des der Entscheidung zugrunde liegenden Einzelfalles zurückzuführen sein dürfte – bei sexuellem Missbrauch von Kindern[154] für möglich gehalten.

13.3.3 Das Adhäsionsverfahren – Schadensersatz und Schmerzensgeld?

Unabhängig vom staatlichen Strafanspruch ist allgemein bekannt, dass Schadensersatz und Schmerzensgeld von den Betroffenen im Wege des Zivilprozesses vor den Zivilgerichten geltend gemacht werden können. Um den damit verbundenen Interessen des Opfers bereits im Rahmen des Strafverfahrens Rechnung zu tragen, sieht das Gesetz das sog. Adhäsionsverfahren vor.[155] Dadurch kann der Verletzte einen aus der Straftat erwachsenen vermögensrechtlichen Anspruch bereits im Strafverfahren geltend machen. Voraussetzung ist lediglich, dass ein entsprechender Antrag vor Gericht gestellt wird. Das Gericht hat allerdings die Möglichkeit, von der Entscheidung über den Antrag abzusehen, wenn er sich zur Erledigung im Strafverfahren nicht eignet, insbesondere wenn seine Prüfung das Strafverfahren verzögern würde. Es stößt auch bei der Anwaltschaft wegen einiger für sie nachteiliger Bestimmungen (kein Anwaltszwang; nur die Hälfte der Gebühren, § 89 BRAGO) auf Vorbehalte. Aus vorstehenden Gründen hat das Adhäsionsverfahren in der Praxis keine Bedeutung erlangt, so dass auf eine detaillierte Darstellung an dieser Stelle verzichtet wird.[156]

---

151 Vgl. *Meyer-Goßner* a.a.O., zu § 155a RN 2; *Schreckling* „Ausgleichsverläufe und -erfolg bei der ‚Waage'-Köln" In: Täter-Opfer-Ausgleich – Bonner Symposium (Hrsg. Bundesministerium der Justiz), 1992, S. 88 f.
152 Vgl. BGH StV 2001, S. 457.
153 Vgl. BGH StV 1995, S. 464.
154 Vgl. BGH StV 2000, S. 129.
155 Vgl. §§ 403–406c StPO.
156 Siehe dazu ausführlich *Beulke* „Strafprozessrecht", § 32 III 1–4; zur Gesamtproblematik KMR-*Fezer*, § 405 RN 10, 11; *Roxin* „Strafverfahrensrecht", § 63 A I–III; *Baurmann/Schädler* „Das Opfer nach der Straftat – seine Erwartungen und Perspektiven" (Hrsg. Bundeskriminalamt Kriminalistisches Institut), 1999, S. 41; zur Nichteignung *Wohlers* MDR 1990, S. 763.

Dem Schadensausgleich des Verletzten dienen allerdings andere gesetzliche Regelungen: Das Opferentschädigungsgesetz (OEG)[157] und der durch das Opferschutzgesetz vom 18.12.1986 eingefügte § 459a Abs. 1 S. 2 StPO. Letztere Vorschrift eröffnet den Vollstreckungsbehörden die Möglichkeit der Gewährung von Zahlungserleichterungen, wenn sonst die Schadenswiedergutmachung erheblich gefährdet werden würde. Hinzuweisen ist zudem noch auf das Opferanspruchssicherungsgesetz vom 04.03.1998.[158] Dieses Gesetz will im Falle einer öffentlichen Vermarktung des Tatgeschehens verhindern, dass das Tatopfer mit seinen Wiedergutmachungsinteressen gegenüber dem sonst vermögenslosen Täter leer ausgeht, weil sich die Verteidiger des Täters Forderungen gegen die Medien im Voraus zur Sicherung ihrer Honoraransprüche haben abtreten lassen.

13.4 Begleitumstände am Rande des Strafverfahrens – tatsächliche Folgen der Strafanzeige?

Neben Verletzungen und Schäden, die das Opfer unmittelbar durch die Tat erleidet (sog. primäre Viktimisierung), kann es im Laufe des Ermittlungs- und gerichtlichen Hauptverfahrens zu zusätzlichen Belastungen und Traumatisierungen kommen (sog. sekundäre Viktimisierung).[159] Das Gefühl, erneut zum Opfer zu werden, kann zum Beispiel durch die Aussage als (Hauptbelastungs-) Zeuge im Rahmen der Hauptverhandlung entstehen, aber auch bereits durch das Erleben formalistischer Routine bei polizeilichen Vernehmungen oder körperlichen Untersuchungen hervorgerufen werden. Häufig ist ein solches Gefühl auch eine Folge von unsensiblen und der Situation nicht angemessenen Reaktionen von Personen im sozialen Umfeld des Opfers.[160]

Gerade wenn Kinder und Jugendliche zu Opfern von sexuellen Übergriffen werden und es sich bei dem Täter um einen nahen Familienangehörigen, wie z.B. den Vater oder Stiefvater handelt, bringt eine Strafanzeige – worauf bereits hingewiesen wurde – weit reichende Konsequenzen mit sich. Denn neben den Belastungen des Ermittlungs- und Hauptverfahrens ist das Opfer

---
157 Siehe dazu ausführlich Kunz/Zellner „Opferentschädigungsgesetz"; Mainzer Schriften zur Situation von Kriminalitätsopfern: „Opferentschädigungsgesetz – Intention und Praxis opfergerecht?"
158 Siehe dazu ausführlich Nowotsch, NJW 1998, S. 1831.
159 Vgl. Baurmann/Schädler a.a.O., S. 19 ff.
160 Ebenda.

Einwirkungen und Einflüssen unterschiedlichster Art durch Familienmitglieder und/oder Bekannte ausgesetzt. Um zusätzliche Schäden einer sekundären Viktimisierung abzumildern, sollte deshalb bereits im Vorfeld einer Strafanzeige, aber auch im Laufe des folgenden Strafverfahrens die *kostenlose* Hilfe durch eine der bundesweit vertretenen Beratungsstellen in Anspruch genommen werden.[161] Die Mitarbeiterinnen und Mitarbeiter dieser Beratungsstellen sind pädagogisch, psychologisch oder therapeutisch ausgebildet und unterliegen der Schweigepflicht. Innerhalb von Beratungsgesprächen kann sich das Opfer darüber Klarheit verschaffen, welche Schritte eingeleitet werden sollen. Regelmäßig können die Beratungsstellen einen erfahrenen Rechtsanwalt/ Rechtsanwältin empfehlen, mit dessen/deren Hilfe alle dem Opfer zustehenden Verfahrensrechte ausgeschöpft werden. Denn nur durch die Wahrnehmung der eigenen Rechte kann einem erneuten Opferwerden entgegengewirkt werden. Auf diese Möglichkeit ist mithin am Ende dieser Ausführungen besonders aufmerksam zu machen.

---

161 Exemplarisch seien hier genannt: die Anlauf- und Beratungsstelle gegen sexuellen Missbrauch an Mädchen Violetta e. V., Seelhorststraße 11 in 30175 Hannover und Wildwasser e. V., Wriezener Straße 10 in 13359 Berlin.

14 Wegweiser: Wie finde ich die richtige Therapieform für mich?

Für die Behandlung der PTB existieren heute mehrere wirksame Behandlungsmethoden. Als erfolgreiche Methoden haben sich bestimmte psychotherapeutische Verfahren wie auch die Behandlung mit Psychopharmaka bewährt. Die folgenden Empfehlungen, die Ihnen dabei helfen sollen, einen für Sie geeigneten Psychotherapeuten oder eine geeignete Psychotherapeutin zu finden, lehnen sich eng an publizierte Behandlungsrichtlinien an, die von Expertengruppen erstellt wurden. Falls Sie mehr darüber wissen wollen, finden Sie im Internet eine ausführliche Publikation einer englischen Expertengruppe, die Behandlungsrichtlinien für Großbritannien auf Grundlage ausführlicher wissenschaftlicher Studien zusammengestellt hat: www.nice.org.uk. Von dieser Website aus können Sie über das Stichwort „PTSD" oder „posttraumatic stress disorder" die relevanten Dokumente finden.

Welche psychotherapeutischen Verfahren sind bei einer Posttraumatischen Belastungsstörung erfolgreich? Nach dem heutigen wissenschaftlichen Stand profitieren Menschen mit einer PTB am meisten von *Verhaltenstherapie* und dem *Eye Movement Desensitization and Reprocessing (EMDR)*. Diese Psychotherapien sollten am ehesten ambulant angeboten werden. Verhaltenstherapie und EMDR sind zielorientiert und behandeln direkt die Spätfolgen der Traumatisierung. Diese Verfahren zeichnen sich dadurch aus, dass sie sich auf die traumatischen Erinnerungen und deren heutige Bedeutung konzentrieren. Es handelt sich um so genannte traumazentrierte Behandlungsverfahren.

14.1 Traumazentrierter Ansatz: Verhaltenstherapie

Die Verhaltenstherapie der PTB ist ein strukturierter Prozess, der diejenigen Faktoren verändern möchte, die an der Aufrechterhaltung der Störung beteiligt sind. Die Basis jeder Verhaltenstherapie besteht zunächst in einer ausführlichen Diagnostik bei der abgeklärt wird, unter welchen psychischen Störungen die Patienten leiden. Liegen verschiedene Störungen vor, klären Patientin und Therapeutin gemeinsam, welche Störung den größten Leidensdruck verursacht und zunächst behandelt werden soll. Falls die Patienten durch posttraumatische Symptome beeinträchtigt sind, wird diese Störung meist in den Vordergrund gerückt. Danach werden ausführliche Gespräche dazu genutzt, genau zu verstehen, was im Detail dazu beiträgt, dass die Patientin nicht über das Trauma hinwegkommt.

Die wichtigsten Elemente einer erfolgreichen Verhaltenstherapie bestehen darin,
- die Symptome der PTB genau zu erkennen und verstehen zu lernen,
- starke Angst bewältigen zu lernen,
- mittels verschiedener Übungen den Teufelskreis aus Symptomen, Vermeidungsverhalten und ungünstigen Bewertungen zu durchbrechen,
- mittels kognitiver (= gedanklicher) Übungen die negativen, selbstschädigenden Bewertungen des Traumas und seiner Konsequenzen zu verändern und
- Strategien zu erlernen mit denen bedrohlich erscheinende Situationen gemeistert werden können.

14.2 Traumazentrierter Ansatz: Eye Movement Desensitization and Reprocessing (EMDR)

Eye Movement Desensitization and Reprocessing (EMDR) ist eine von Dr. Francine Shapiro (1987–1991) entwickelte, neuartige traumazentrierte Methode. Die EMDR-Methode folgt dabei einem Vorgehen in acht umschriebenen Phasen (u. a. Stabilisierung, Traumabearbeitung, Neuorientierung). Besonders ist für EMDR, neben dem sehr fokussierten Vorgehen während der Traumabearbeitung, der Einsatz von bilateraler Stimulation (z. B. Augenbewegungen, Fingerberührungen oder akustische Signale) während des Prozesses des Wiedererinnerns. Das EMDR ist dem verhaltenstherapeutischen Ansatz verwandt, verwendet aber auch eigenständige Methoden.

14.3 Traumazentrierter Ansatz: Die Behandlung mit Psychopharmaka

Übersichtsarbeiten kommen zum Schluss, dass die Behandlung mit Psychopharmaka deutlich weniger erfolgreich ist, als eine geeignete traumazentrierte Psychotherapie. Es kann jedoch gute Gründe für eine Behandlung der PTB mit Medikamenten geben:
- Es besteht aktuell keine Möglichkeit, eine Psychotherapie zu beginnen.
- Die Betroffenen leben derzeit noch in traumatisierenden Umständen und können das Trauma daher noch nicht abschließend (mit Hilfe von Psychotherapie) bewältigen.

- Die Betroffenen wünschen keine Psychotherapie.
- Medikamente können dann zusätzlich zur traumazentrierten Psychotherapie eingenommen werden, wenn die Betroffenen außerdem unter einer schweren Depression oder schweren Symptomen von Übererregung leiden.

Entsprechend britischer Richtlinien scheint derzeit „Paroxetin" der Wirkstoff zu sein, der am ehesten als Medikament in Frage kommt. Paroxetin gehört zur Gruppe der so genannten Selektiven Serotonin-Wiederaufnahmehemmer (SSRI). Nur SSRI's sind derzeit für die Behandlung der PTB zugelassen. Diese Gruppe von antidepressiv wirkenden Medikamenten muss nur einmal am Tag eingenommen werden und ist relativ nebenwirkungsarm. Nebenwirkungen treten in der Regel nur zu Beginn der Behandlung auf. Die gewünschte Wirkung tritt aber erst mit Verzögerung ein. Falls Sie sich für eine medikamentöse Behandlung (mit Paroxetin) entscheiden, sollte der behandelnde Arzt Sie über die in Tabelle 10 aufgelisteten Punkte aufklären.

Tabelle 10: Wichtige Informationen über Selektive Wiederaufnahmehemmer

Nebenwirkungen zu Beginn der Behandlung	Sind in der Regel mild, verschwinden nach kurzer Zeit.
Umgang mit Nebenwirkungen	Bei sehr starken Nebenwirkungen wird die Dosierung verändert oder ein anderes Medikament verabreicht.
Nebenwirkungen bei Beendigung der Einnahme bzw. unregelmäßiger Einnahme	Beginnen in der Regel nach 5 Tagen, können mit den Symptomen, die zur Medikamenteneinnahme führten, verwechselt werden.
Abhängigkeitspotenzial	Die genannten Medikamente machen nicht abhängig.
Dauer der Einnahme	Symptomlinderung tritt nicht sofort mit Beginn der Einnahme ein. Falls die Medikamenteneinnahme Erfolge zeigt, sollte sie über weitere 12 Monate fortgesetzt werden.

Selbstmordgefährdung	Alle Patienten in der Altersgruppe zwischen 18 und 29 Jahren (es besteht eine erhöhte Selbstmordgefährdung in dieser Gruppe) und solche, die zu Beginn der Medikamenteneinnahme selbstmordgefährdet sind, sollten engmaschig vom behandelnden Arzt/Psychiater einbestellt werden, bis die Gefährdung abgeklungen ist.
Akathsie (starke Unruhe), Angst und Agitiertheit	Diese Symptome können v. a. zu Beginn der Einnahme von SSRI's (hier: Paroxetin) auftreten. Der behandelnde Arzt sollte über diese Symptome informieren und eine zügige Wiedervorstellung ermöglichen, falls sie als zu belastend erlebt werden. Bei sehr deutlichen oder überdauernden Symptomen von Unruhe sollte eine Veränderung der Medikation überdacht werden.
Wiedervorstellung beim Arzt	Vor allem in den ersten drei Monaten sollte der behandelnde Arzt die Patienten regelmäßig zur Überwachung der Medikamenteneinnahme einbestellen.

Darüber hinaus kommen die antidepressiven Medikamente Mirtazapine, Amitryptyline und die sog. MAO-Hemmer Phenelzine und Brofaromine in Betracht. Um die Wirkung dieser zuletzt genannten Medikamente abschließend beurteilen zu können, müssen allerdings noch weitere wissenschaftliche Untersuchungen durchgeführt werden. Streng genommen sind diese Medikamente bisher nicht für die Behandlung der PTB zugelassen. Sie sind aber als Antidepressiva schon lange auf dem Markt.

14.4 Unspezifische Therapien

Zu den unspezifischen Therapieformen werden Entspannungsverfahren, Stressbewältigungsprogramme und Verfahren nicht verhaltenstherapeutischer Richtungen gezählt (z. B. psychoanalytische Verfahren, Hypnotherapie, Gestalttherapie und tiefenpsychologische Ansätze). Diese Ansätze orientieren sich nicht in erster Linie an den Symptomen bzw. Störungen der Patienten. Daher sind sie nicht geeignet, bestimmte Störungen zu behandeln:
- Entspannungstherapien und andere nicht zielgerichtete Verfahren sollten *nicht* zur Routineversorgung gehören.
- Psychodynamische, hypnotherapeutische, psychoanalytische und andere nicht verhaltenstherapeutische Behandlungsformen gehören *nicht* zu den Methoden der Wahl zur Behandlung der PTB und sollten nicht zur Routineversorgung gehören.

14.5 Wissenswertes über traumazentrierte Psychotherapie

Der Erfolg einer Psychotherapie der PTB hängt *nicht* von der Zeit ab, die seit dem Trauma verstrichen ist. Vielfach suchen traumatisierte Menschen erst viele Jahre danach Psychotherapeuten auf.

Die Therapiedauer ist von Patient zu Patient unterschiedlich: Menschen, die ein einziges Trauma erlitten haben, benötigen in der Regel nicht mehr als 9 bis 12 Therapiesitzungen. Es ist allerdings sinnvoll, die Therapiedauer zu verlängern, wenn
- mehrere traumatische Erlebnisse berichtet werden,
- die Betroffenen von einem traumatischen Verlust berichten,
- soziale Probleme vorliegen,
- das Trauma zu überdauernden körperlichen Behinderungen oder Einschränkungen führte
- und noch andere psychische Störungen neben der PTB vorliegen. Die Behandlung des Traumas sollte dann in einen ausführlichen Behandlungsplan eingebettet werden.

Der behandelnde Psychotherapeut sollte den Betroffenen einige Stunden Zeit geben, bevor er Details der Traumatisierung erfragt. Zunächst sollte eine vertrauensvolle Beziehung aufgebaut werden und dem Betroffenen Möglichkeiten an die Hand gegeben werden, starke Gefühle bewältigen zu können.

14.6 Wissenswertes über Psychotherapie allgemein

Einig sollten Sie und Ihr Therapeut sich in folgenden Punkten sein:
- Der Therapeut akzeptiert Ihre Therapieziele. Wenn er andere Probleme und Symptome in den Vordergrund der Therapie rückt, sollte er Ihnen das plausibel erklären können.
- Jeder Therapeut hat das Recht, eine Behandlung *nicht* zu übernehmen.
- Zu Beginn der Behandlung erstellt der Therapeut anhand von diagnostischen Interviews bzw. Fragebögen eine Behandlungsdiagnose, die er Ihnen auch mitteilen und erklären sollte.
- Der Therapeut kann Ihnen mindestens eine Therapiesitzung pro Woche anbieten. Die Behandlung sollte kontinuierlich und immer durch die gleiche Person durchgeführt werden.
- Klarheit sollte darüber bestehen, wer die Kosten der Behandlung übernimmt. Erstatten Sie auf keinen Fall Kosten, über die Sie nicht bereits in der ersten Sitzung informiert wurden. Im Zweifelsfall lohnt sich bei unklarer Kostenerstattung eine Rücksprache mit Ihrer gesetzlichen oder privaten Krankenkasse.
- Der Therapeut ist für Sie auch zwischen den Sitzungen z. B. telefonisch erreichbar.
- Der Therapeut gibt Ihnen gezielte Übungen auf, die Ihnen zwischen den Sitzungen helfen sollen, Ihre Probleme und Symptome selbst bewältigen zu lernen.

> **Gehen Sie klug bei der Auswahl Ihres Therapeuten oder Ihrer Therapeutin vor!**

Mittlerweile gibt es eine Reihe von Psychotherapeutinnen und Psychotherapeuten, die in den überprüften Methoden der Psychotherapie der PTB weitergebildet sind und diese auch behandeln. Sie haben das Recht, genau nach Ausbildungsstand und -art zu fragen. Im Anhang (vgl. S. 149 ff.) finden Sie Adressen, die Ihnen bei der Suche eines Therapeuten helfen können. Falls kein Psychotherapeut mit hinreichender Erfahrung in der Behandlung der PTB in Ihrer Nähe zu finden ist, können Sie eine stationäre Behandlung in Betracht ziehen. Eine stationäre Behandlung kommt vor allem bei sehr starken Beeinträchtigungen durch die Störungen in Betracht. Es gibt eine Reihe von Fachkliniken, die sich ausdrücklich auf die Behandlung der PTB spezialisiert haben. Auch bei der stationären Behandlung sollten Sie sich nach einer verhaltenstherapeutischen Klinik erkundigen. Informationen darüber erhalten Sie über Ihre Krankenkasse bzw. Ihren Rentenversicherungsträger.

> **Achtung:**
>
> Beenden Sie die Therapie, wenn
> - der Therapeut privates Interesse an Ihnen zeigt, indem er z. B. sich privat mit Ihnen treffen möchte.
> - der Therapeut Ihnen für Sie unangenehme Einzelheiten, aus seinem Privatleben erzählt.
> - der Therapeut sexuelle Anspielungen macht.

14.7 Formale Aspekte von Psychotherapie in Deutschland

Grundsätzlich bieten psychologische und ärztliche Psychotherapeuten Psychotherapien an. Dies sind Diplom-Psychologen und Ärzte, die Qualifikationen erworben haben, die sie berechtigen im Rahmen des Deutschen Psychotherapeutengesetzes, Psychotherapien anzubieten, die von den Krankenkassen bezahlt werden. Achten Sie darauf, dass Sie *psychologische* oder *ärztliche* Psychotherapeuten wegen einer Psychotherapie aufsuchen. Der Begriff Psychotherapie bzw. Psychologe alleine ist gesetzlich nicht geschützt. Sie können dann nicht sicher sein, welche Form der Ausbildung derjenige oder diejenige hat, der/die eine „Psychotherapie" anbietet. Nur die psychologische bzw. ärztliche Psychotherapie wird von den Krankenkassen finanziert.

Psychiater können Ihnen mit dem Verschreiben geeigneter Psychopharmaka helfen. Sie können aber keine längerfristige Psychotherapie anbieten. Ärztliche und psychologische Psychotherapeuten sind in verschiedenen Therapieverfahren ausgebildet. Welches Verfahren der betreffende ausübt, steht meist bereits auf dem Praxisschild (z. B. Verhaltenstherapie oder Psychoanalyse). Fragen Sie den ärztlichen oder psychologischen Psychotherapeuten nach seinen Vorerfahrungen mit Patientinnen mit PTB!

Formale Aspekte der Kostenübernahme in Deutschland: Die gesetzlichen Krankenkassen und die meisten privaten Krankenkassen gewähren Ihnen so genannte probatorische Sitzungen. Dies sind fünf Sitzungen (mit jeweils 50 Minuten), die Ihnen und der Psychotherapeutin ermöglichen sollen, die Entscheidung zu fällen, ob die betreffende Psychotherapeutin Ihnen eine Behandlung anbieten kann. Sie können diese Sitzungen für sich dazu nutzen, einen Eindruck darüber zu gewinnen, ob Sie sich bei der Psychotherapeutin aufgehoben fühlen und deren Behandlungsvorstellungen Ihren Zielen entsprechen. Falls der Psychotherapeut darauf hinweist, dass er wenig oder keine Erfahrung mit der gezielten Therapie der PTB hat, sollten Sie sich überlegen, ob Sie sich auf eine Behandlung einlassen wollen. Falls sich beide Seiten für eine Behandlung entscheiden, beantragt der behandelnde Psychotherapeut die Übernahme der Kosten für die Psychotherapie bei der zuständigen Krankenkasse. Im Bereich Verhaltenstherapie werden bis zu 45 Sitzungen und in Ausnahmefällen auch bis zu 60 Sitzungen finanziert.

14.8 Welche Hilfe möchten Sie?

Sie haben also verschiedene Möglichkeiten, die Bewältigung der PTB anzugehen.

Übung: **Welche Hilfe möchte ich?**

Zwar heilt Wissen noch keine Wunden. Aber es versetzt Sie in die Lage, sich folgende Fragen zu stellen:

- Möchte ich die Hilfe eines Therapeuten oder einer Therapeutin bei der Bewältigung meiner Symptome und Probleme?
- Möchte ich Medikamente nehmen?
- Ist es mir jetzt wichtig, mit einer anderen, geeigneten Person über die Folgen meiner Traumatisierung zu sprechen?

Meine Antwort:

_____

_____

_____

_____

_____

Anhang

Literaturempfehlungen

Elsesser, K. & Sartory, G. (2005). *Ratgeber Medikamentenabhängigkeit. Informationen für Betroffene und Angehörige.* Göttingen: Hogrefe.
Fehm, L. & Wittchen, H.-U. (2004). *Wenn Schücherheit krank macht. Ein Selbsthilfeprogramm zur Bewältiung Sozialer Phobie.* Göttingen: Hogrefe.
Lindenmeyer, J. (2004). *Ratgeber Alkoholabhängigkeit. Informationen für Betroffene und Angehörige.* Göttingen: Hogrefe.
Stavemann, H. (2001). *Im Gefühlsdschungel. Emotionale Krisen verstehen und bewältigen.* Weinheim: Beltz/PVU.
Wittchen, H.-U. (1997). *Wenn Angst krank macht. Störungen erkennen, behandeln und überwinden.* München: Mosaik.
Wittchen, H.-U. (1997). *Wenn Traurigkeit krank macht. Depressionen erkennen, behandeln und überwinden.* München: Mosaik.
Znoj, H.-P. (2005). *Trauer. Informationen für Betroffene und Angehörige.* Göttingen: Hogrefe.

Zitierte Literatur

Berliner Initiative gegen Gewalt gegen Frauen (BIG e. V.), Koordinationsstelle des Berliner Interventionsprojektes gegen häusliche Gewalt (Ohne Jahresangabe). *Berliner Interventionsprojekt gegen häusliche Gewalt. Alte Ziele auf neuen Wegen. Ein neuartiges Projekt gegen Männergewalt an Frauen stellt sich vor.* Berlin: BIG.
Boos, A. (2005). *Kognitive Verhaltenstherapie nach chronischer Traumatisierung. Ein Therapiemanual.* Göttingen: Hogrefe.
Ehlers, A. (1999). *Posttraumatische Belastungsstörung.* Göttingen: Hogrefe.
Ehlers, A., Clark, D. M., Hackmann, A. et al. (2003). A randomized controlled trial of cognitive therapy, a self-help booklet and repeated assessment as early intervention for posttraumatic stress disorder. *Archives of General Psychiatry, 60* (10), 1024–1032.
Fastie, F. (Hrsg.). (2002). *Opferschutz im Strafverfahren. Sozialpädagogische Prozessbegleitung bei Sexualdelikten.* Opladen: Leske + Budrich.
Haupt, H. & Weber, U. (1999). *Handbuch Opferschutz und Opferhilfe.* Baden-Baden: Nomos.

Neuner, F., Schauer, M. & Klaschik, C. (2004). A Comparison of Narrative Exposure Therapy, Supportive Counseling, and Psychoeducation for Treating Posttraumatic Stress Disorder in an African Refugee Settlement. *Journal of Consulting and Clinical Psychology, 72,* 579–587.

Turpin, G. & Mason, S. (2006). Effectiveness of providing self-help information following acute traumatic injury: Randomised controlled trial. *British Journal of Psychiatry, 187,* 76–82.

Adressen

Psychosoziale und rechtliche Betreuung

Es gibt in Deutschland eine Vielzahl von Beratungsstellen und anderer Einrichtungen, die sich um die Belange von Traumatisierten kümmern. Die Übersicht enthält eine Auswahl von Anlaufstellen. Der Schwerpunkt liegt auf der Erreichbarkeit dieser Adressen über das Internet. Die einzelnen Stellen sind in der Regel gut vernetzt, so dass sich eine erweiterte Suche über das Internet lohnt. Stand der Recherche ist August 2006. Wir können keine Gewähr übernehmen für danach geschlossene Seiten oder die Qualität der Angebote.

Opferhilfe

- *Deutsche Opferhilfe e. V.:*
  Beratung von Opfern von Gewalt durch Fachkräfte. Es engagieren sich dort aber auch Opfer selbst, Angehörige oder in diesem Bereich erfahrene Bürger und Bürgerinnen. Beratung, Begleitung, Orientierung an individuellen Bedürfnissen der Opfer und Angehörigen. Hilfsangebot: Beratung, Beistand, therapeutische, juristische, medizinische Hilfe, Vermittlung weiterer Hilfsmöglichkeiten, Selbsthilfegruppen.
  Deutsche Opferhilfe e. V.
  Postfach 70 01 10
  60551 Frankfurt/Main

  Opfernotruf:
  0 69/65 30 03 99
  E-Mail: info@deutsche-opferhilfe.de
  Internet: www.deutsche-opferhilfe.de

- *Weißer Ring e. V.:*
  Bundesweite Hilfsorganisation für Kriminalitätsopfer und ihre Familien.
  Weißer Ring e. V.
  Bundesgeschäftsstelle
  Webergasse 16
  55130 Mainz
  Tel.: 0 61 31/83 03-0
  Fax: 0 61 31/83 03-45

Bundesweites Infotelefon: 0 18 03/34 34 34 (0,09 € pro Minute)
E-Mail: info@weisser-ring.de
Internet: www.weisser-ring.de

- *Angebote durch die Polizei:*
  Eine sehr gute vernetzte Seite findet sich bei der Polizei. Dort werden Informationen für Opfer aus Sicht der Polizei gegeben. Zudem wird über Vorbeugemaßnahmen, aber auch Zeugenschutz etc. informiert. Zudem gibt es eine Suchmaschine für Anlaufstellen nach Postleitzahlen.
  http://www.polizei-beratung.de

- *Bundesministerium für Justiz:*
  Das Bundesministerium für Justiz bietet über das Internet Informationen für Opfer. Über die Hauptseite kann man u. a. eine so genannte Opferfibel als auch Informationen über Schutz vor häuslicher Gewalt anklicken und herunterladen.
  http://www.bmj.de

- *Bundesministerium für Familie, Senioren, Frauen und Jugend:*
  Über diese Seite erhält man Informationen über Beratungsstellen und andere Einrichtungen, die sich schwerpunktmäßig zum Thema „sexualisierte Gewalt" engagieren. In den Suchmasken kann man über „Postleitzahl", „Name der Einrichtung" bzw. „Zielgruppe/Thema" Informationen erhalten.
  http://www.hinsehen-handeln-helfen.de/beratungsstellen/index.aspx

- *Internetbasierter Notruf:*
  Es existieren verschiedene internetbasierte Notrufe. Zum Beispiel ein „Elternnotruf" oder ein „Frauennotruf". Es erfolgt eine Beratung per E-Mail innerhalb von 48 Stunden nach erfolgter Anfrage. Die Beratung erfolgt durch ausgebildete Fachkräfte (Psychologen, Sozialarbeiter, Juristen, etc.).
  http://www.internet-notruf.de

Beratungsstellen

- *Bundesverband der Frauenberatungsstellen:*
  Auf dieser Seite sind bundesdeutsche Frauenberatungsstellen vernetzt. Beratungsinhalte: Gewalt in Beziehung, strukturelle Gewalt, Trennung/

Scheidung, Allgemeine Lebensberatung, Krisenintervention. Hier finden sich viele Adressen zum Bereich Recht, Opferhilfe, Gewalt usw. Klickt man auf „Beratungsstellen" kommt man zu einer Übersichtskarte der Bundesländer. Klickt man dann ein bestimmtes Bundesland an, werden die vorhandenen Beratungsstellen aufgelistet (Links: Adresse, Angebot der Einrichtung, Schwerpunkte, E-Mail, Sprechstunden).
http://www.frauenberatungsstellen.de

- *„pro familia" – Deutsche Gesellschaft für Familienplanung, Sexualpädagogik und Sexualberatung e. V. Bundesverband:*
  Pro familia-Beratungsstellen bieten v. a. Beratung zum Thema Familienplanung, Sexualerziehung, Sexualberatung und Verhütung an. Einzelne Beratungsstellen bieten auch Therapie für Opfer von Gewalt an.
  pro familia
  Bundesgeschäftsstelle
  Stresemannallee 3
  60596 Frankfurt/Main
  Tel.: 0 69/63 90 02
  Fax: 0 69/63 98 52
  E-Mail: info@profamilia.de
  Internet: www.profamilia.de

  Weiterhin gibt es das pro familia-Internetangebot der Landesverbände Baden-Württemberg, Bayern, Bremen, Hessen, Nordrhein-Westfalen, Schleswig-Holstein, Sachsen-Anhalt, Rheinland-Pfalz, Berlin und Mecklenburg-Vorpommern unter
  www.sextra.de.

- *Telefonseelsorge:*
  Sorgentelefon (Evangelische Telefon-Seelsorge): 08 00/1 11 01 11
  Ruf und Rat (Katholische Telefon-Seelsorge): 08 00/1 11 02 22

Frauenhäuser

- *Zentrale Informationsstelle autonomer Frauenhäuser (ZIF):*
  Auf diesen Seiten werden Arbeitsspektren der ZIF beschrieben. Eine Vielzahl von Links erleichtert weiter die Suche nach Hilfsangeboten.
  Zentrale Informationsstelle autonomer Frauenhäuser (ZIF)
  Postfach 10 11 03
  34011 Kassel
  Tel./Fax: 05 61/8 20 30 30

E-Mail: zif-frauen@gmx.de
Internet: www.autonome-frauenhaeuser-zif.de

Psychotherapie

Eine Behandlung der PTB mit den in diesem Ratgeber vorgestellten Methoden bieten viele niedergelassene Psychotherapeuten mit Schwerpunkt Verhaltenstherapie an. Adressen von niedergelassenen Psychotherapeuten in Ihrer näheren Wohnumgebung erhalten Sie bei der Kassenärztlichen Vereinigung Ihres Bundeslandes. Die entsprechenden Telefonnummern und Internetadressen finden Sie zum Beispiel über http://www.kbv.de bzw. über http://www.kbv.de/service/3002.html.

In Universitätsstädten besteht die Möglichkeit, sich an die psychotherapeutischen Hochschulambulanzen zu wenden. Deren Adressen finden Sie im Internet unter http://www.klinische-psychologie-psychotherapie.de/institutsambulanzen.html.

UNITH – Verbund universitärer Ausbildungsinstitute für Psychotherapie. In diesem Verbund sind universitäre Ausbildungsinstitute für Psychotherapie vernetzt. Die Ausbildungsinstitute verfügen über Ambulanzen für Psychotherapie, in denen eine Regelversorgung für die Bevölkerung angeboten wird. Über folgende Internetseite kann man die Adressen der angeschlossenen Institute erfahren: http://www.unith.de

Arbeitsblätter

Internationale Beschreibung der Posttraumatischen Belastungsstörung

A. *Die Person wurde mit einem traumatischen Ereignis konfrontiert, bei dem die beiden folgenden Kriterien vorhanden waren:*
1. Die Person erlebte, beobachtete oder war mit einem oder mehreren Ereignissen konfrontiert, die tatsächlichen oder drohenden Tod oder ernsthafte Verletzung oder eine Gefahr der körperlichen Unversehrtheit der eigenen Person oder anderer Personen beinhaltete.
2. Die Reaktion der Person umfasste intensive Furcht, Hilflosigkeit oder Entsetzen.
3. Beachte: Bei Kindern kann sich dies auch durch aufgelöstes oder agitiertes Verhalten äußern.

B. *Das traumatische Ereignis wird beharrlich auf mindestens eine der folgenden Weisen wieder erlebt:*
1. wiederkehrende und eindringliche belastende Erinnerungen an das Ereignis, die Bilder, Gedanken oder Wahrnehmungen umfassen können.
   Beachte: Bei jüngeren Kindern können Spiele auftreten, in denen wiederholt Themen oder Aspekte des Traumas ausgedrückt werden.
2. wiederkehrende, belastende Träume von dem Ereignis.
   Beachte: Bei Kindern können stark beängstigende Träume ohne wieder erkennbaren Inhalt auftreten.
3. Handeln oder Fühlen, als ob das traumatische Ereignis wiederkehrt (beinhaltet das Gefühl, das Ereignis wieder zu erleben, Illusionen, Halluzinationen und dissoziative Flashback-Episoden, einschließlich solcher, die beim Aufwachen oder bei Intoxikationen auftreten).
   Beachte: Bei jüngeren Kindern kann eine traumaspezifische Neuinszenierung auftreten.
4. intensive psychische Belastung bei der Konfrontation mit internalen oder externalen Hinweisreizen, die einen Aspekt des traumatischen Ereignisses symbolisieren oder an Aspekte desselben erinnern.
5. körperliche Reaktionen bei der Konfrontation mit internalen oder externalen Hinweisreizen, die einen Aspekt des traumatischen Ereignisses symbolisieren oder an Aspekte desselben erinnern.

C. *Anhaltende Vermeidung von Reizen, die mit dem Trauma verbunden sind, oder eine Abflachung des allgemeinen Reaktionsvermögens (vor dem Trauma nicht vorhanden).*
Mindestens drei der folgenden Symptome liegen vor:
1. bewusstes Vermeiden von Gedanken, Gefühlen oder Gesprächen, die mit dem Trauma in Verbindung stehen,
2. bewusstes Vermeiden von Aktivitäten, Orten oder Menschen, die Erinnerungen an das Trauma wachrufen,
3. Unfähigkeit, einen wichtigen Aspekt des Traumas zu erinnern,
4. deutlich vermindertes Interesse oder verminderte Teilnahme an wichtigen Aktivitäten,
5. Gefühl der Losgelöstheit oder Entfremdung von anderen,
6. eingeschränkte Bandbreite des Affekts (z. B. Unfähigkeit, zärtliche Gefühle zu empfinden),
7. Gefühl einer eingeschränkten Zukunft (z. B. man erwartet nicht, Karriere, Ehe, Kinder oder ein normal langes Leben zu haben).

D. *Anhaltende Symptome erhöhter körperlicher Erregung (vor dem Trauma nicht vorhanden).*
Mindestens zwei der folgenden Symptome liegen vor:
1. Schwierigkeiten, ein- oder durchzuschlafen,
2. Reizbarkeit oder Wutausbrüche,
3. Konzentrationsschwierigkeiten,
4. übermäßige Wachsamkeit (Hypervigilanz),
5. übertriebene Schreckreaktion.

E. *Das Störungsbild (Symptome unter Kriterium B, C und D) dauert länger als einen Monat an.*

F. *Das Störungsbild verursacht in klinisch bedeutsamer Weise Leiden oder Beeinträchtigung in sozialen, beruflichen oder anderen wichtigen Funktionsbereichen.*

Checkliste
zu den Symptomen der Posttraumatischen Belastungsstörung:

In der folgenden Checkliste finden Sie die Symptome einer PTB beschrieben. Sie können damit abschätzen, ob Sie die erforderlichen Symptome in den letzten vier Wochen erfüllt haben und ob Sie von den Symptomen belastet sind. Sollte die Traumatisierung weniger als vier Wochen zurückliegen, können Sie mit dieser Checkliste auch überprüfen, ob Sie Symptome einer Akuten Belastungsstörung erfüllen.

Beschreibung der Kriterien	Welche Symptome erfüllen Sie?
Traumatisches Ereignis (A1) Subjektive Reaktion: Furcht, Hilflosigkeit oder Entsetzen (A2), aber auch Scham und emotionale Taubheit sind mögliche Reaktionen.	A1: ☐ Ja ☐ Nein A2: ☐ Ja ☐ Nein A1 + A2 müssen erlebt worden sein.
In Form von willentlich schlecht kontrollierbaren – visuellen Wiedererinnerungen (1), – (Alb-)Träumen (2), – und Flashbacks (3) erleben die Betroffenen das Trauma oder Teile davon wieder. – Sie reagieren auf Auslöser mit körperlicher Erregung (4) – und gefühlsmäßiger Belastung (5).	(1) ☐ Ja ☐ Nein (2) ☐ Ja ☐ Nein (3) ☐ Ja ☐ Nein (4) ☐ Ja ☐ Nein (5) ☐ Ja ☐ Nein 1 aus 5 Symptomen sind notwendig für die Diagnose. Falls Sie solche Symptome erleben: Sind Sie durch sie belastet? ☐ Ja ☐ Nein

Aktive Vermeidung innerer und äußerer Reize, die der Traumatisierung ähneln: – Belastungsauslösende Situationen, Aktivitäten, Erinnerungen, Gefühle und Gedanken (1), – Menschen (2). – Unfähigkeit, wichtige Aspekte des Traumas zu erinnern (3). – Das Interesse an Dingen, die den Betroffenen vor dem Trauma wichtig waren, ist gemindert (4), – Sie fühlen sich von mindestens einem relevanten sozialen Bezug entfremdet und losgelöst (5). – Affektspielraum (6) und – Zukunftsperspektive (7) sind eingeschränkt.	(1) ☐ Ja ☐ Nein (2) ☐ Ja ☐ Nein (3) ☐ Ja ☐ Nein (4) ☐ Ja ☐ Nein (5) ☐ Ja ☐ Nein (6) ☐ Ja ☐ Nein (7) ☐ Ja ☐ Nein 3 aus 7 Symptomen sind notwendig für die Diagnose. Falls Sie solche Symptome erleben: Sind Sie durch sie belastet? ☐ Ja ☐ Nein
Symptome der Übererregung. Dieses sind: – Ein- und Durchschlafstörungen (1), – erhöhte Reizbarkeit (2), – Konzentrationsschwierigkeiten (3), – erhöhte Wachsamkeit (4) – und übermäßige Schreckreaktionen (5).	(1) ☐ Ja ☐ Nein (2) ☐ Ja ☐ Nein (3) ☐ Ja ☐ Nein (4) ☐ Ja ☐ Nein (5) ☐ Ja ☐ Nein 2 aus 5 Symptomen sind notwendig für die Diagnose. Falls Sie solche Symptome erleben: Sind Sie durch sie belastet? ☐ Ja ☐ Nein

Dauern die Symptome seit mehr als einem Monat an?
☐ Ja   ☐ Nein

Auswertung: Falls Sie die geforderten Symptome in den drei Gruppen erfüllen und von ihnen belastet sind, leiden Sie wahrscheinlich unter einer PTB. Um weiter Klarheit über die Störung zu erhalten, ist es ratsam einen Psychotherapeuten aufzusuchen. Je nachdem wie belastet Sie sind, kann es angebracht sein, professionelle Hilfe zu suchen. Ein Fachmann oder eine Fachfrau kann Ihnen zum Beispiel auch dabei helfen herauszufinden, ob Sie noch unter weiteren psychischen Störungen leiden oder nicht.

Arbeitsblatt: Auslöser erkennen lernen

Posttraumatische Symptome werden meist durch bestimmte innere oder äußere Reize ausgelöst. Es kann sehr entlastend sein, sich diesen Zusammenhang klar zu machen und die Auslöser genauer kennen zu lernen.

Beobachten Sie sich genau:

Wann hatte ich die letzte Wiedererinnerung?

_____

_____

_____

Was war das genau?

_____

_____

_____

Was habe ich kurz vor der Wiedererinnerung gemacht, gedacht, gefühlt?

_____

_____

_____

Was war in meinem Körper los?

_____

_____

_____

Ist in der auslösenden Situation irgendetwas annähernd ähnlich mit der traumatischen Situation?

_____

_____

_____

Was ist das Ähnliche? Ist es ein Geräusch, ein Wort, ein Geruch, ein Ort, ein Mensch?

_____

_____

_____

Welchen Auslöser kann ich ausmachen?

_____

_____

_____

Ist dieser Auslöser gefährlich?

_____

_____

_____

Was würde eine andere Person jetzt sagen?

_____

_____

_____

Welche Belege habe ich, dass der aktuelle Auslöser nicht gefährlich ist?

_____

_____

_____

Wen kann ich dazu befragen?

_____

_____

Arbeitsblatt: Mit Auslösern umgehen lernen

Dieses Arbeitsblatt dient einem verbesserten Umgang mit Auslösern. Diese Übung ist nur sinnvoll, wenn Sie sich in objektiv sicheren Situationen befinden, die Sie aber an das Trauma erinnern. Wenn Sie einen Auslöser für posttraumatische Gedanken und Gefühle bzw. körperliche Reaktionen entdeckt haben, kann es sinnvoll sein, in der gegebenen Situation zu versuchen, den Auslöser zu „entschärfen". Dies können Sie tun, indem Sie die abgebildeten Fragen beantworten:

Diesen Auslöser habe ich entdeckt:

_____

_____

_____

_____

Welcher hilfreiche Gedanke kann mir jetzt helfen zu verstehen, dass ich jetzt in Sicherheit bin?
Mein hilfreicher Gedanke lautet:

_____

_____

_____

_____

Kann ich etwas Angemessenes tun, um mich davon zu überzeugen, dass ich in Sicherheit bin?
Mein angemessenes Verhalten ist:

_____

_____

_____

_____

Arbeitsblatt: Überprüfung des Verlaufes der Angst

Dieses Arbeitsblatt dient der Überprüfung des Verlaufes der Angst bei zwei verschiedenen Übungen: Dem Anfertigen und Durchlesen eines Traumaberichtes (vgl. Kapitel 5) und dem Aufsuchen vermiedener Situationen, Personen und Aktivitäten (vgl. Kapitel 6).

Verwendung bei der Bewältigung eines Traumaberichtes: Lesen Sie sich täglich den Traumabericht durch: Protokollieren Sie das Ausmaß der Belastung am Anfang und am Ende des Lesens, sowie den Maximalwert während des Lesens:
0 = keine Belastung
10 = maximale Belastung

Verwendung bei der Bewältigung vermiedener Situationen, Aktivitäten und Personen: Schreiben Sie zunächst genau auf, welche Übung Sie machen möchten. Dann protokollieren Sie das Ausmaß der Belastung am Anfang und am Ende der Übung, sowie den Maximalwert während der Übung:
0 = keine Belastung
10 = maximale Belastung

Bleiben Sie in der Übung, bis Sie merken, dass die Belastung abnimmt. In der Regel ist eine Übungsdauer von 45 Minuten angebracht.

Welche *vermiedenen Situationen, Aktivitäten, Personen* möchten Sie aufsuchen?

_____

_____

_____

	1. Übung	2. Übung	3. Übung	4. Übung	5. Übung	6. Übung	7. Übung
Datum							
Belastung/Anfang (0 bis 10)							
Belastung/Ende (0 bis 10)							
Belastung/ Maximum (0 bis 10)							
Dauer der Übung in Minuten							

Arbeitsblatt: **ABC-Modell** – zum Kennenlernen der eigenen Bewertungen, Gefühle und dem eigenen Verhalten in einer bestimmten Situation

A – Ausgangssituation	B – Bewertung	C – Konsequenz: Gefühl	C – Konsequenz: Verhalten
Was genau geschieht was auch andere wahrnehmen können?	Was geht mir durch den Kopf? Wie sehe ich A mit meinen Augen?	Wie fühle ich mich und wie stark ist mein Gefühl? (0 bis 10)	Was tue ich?

Arbeitsblatt: Analyse von Schuldgedanken

1. Genaue Formulierung der Selbstvorwürfe

Wenn Sie versuchen möchten, Abstand von Ihren Schuldgefühlen zu erlangen, ist es zunächst einmal sinnvoll, sich zu fragen, was Sie sich genau vorwerfen. Schuldgedanken erkennt man mit etwas Übung bereits an der Formulierung:

- „Ich hätte … bzw. ich hätte nicht dies oder jenes tun, sagen oder denken sollen."
- „Ich müsste … so und so handeln, denken, fühlen."
- „Ich hätte nicht … dürfen."

Beispiele:
- „Ich hätte mich mehr wehren sollen, dann wäre ich früher frei gekommen."
- „Ich hätte mich früher anderen Menschen anvertrauen sollen, dann wäre der Missbrauch früher beendet worden."

Fragen Sie sich:
- Was werfe ich mir denn genau vor?
- Was habe ich denn genau falsch gemacht?
- Wie komme ich darauf, dass ich dieses oder jenes hätte machen sollen?
- Gibt es Einzelheiten des Traumas, von denen ich *heute* annehme, dass ich sie damals hätte beeinflussen können?

Meine Antwort:
Ich hätte oder ich hätte nicht …

_____

_____

_____

_____

_____

_____

_____

_____

2. Wann trat dieser Selbstvorwurf zuerst auf?

Überlegen Sie kurz, seit wann Sie diese Selbstvorwürfe mit sich herum tragen und halten Sie fest, wann sie genau entstanden.

Beispiele:
- „Der Vorwurf entstand als ich merkte, ich komme mit mir nicht mehr zurecht, obwohl das Trauma vorbei war."
- „Ach, diese Gedanken entstanden viel später. Da war ich schon erwachsen und hatte ein ganz anderes Leben."
- „Die Schuldgefühle entstanden, als man mir vor Gericht Vorwürfe machte."

Meine Antwort:
Der Schuldvorwurf trat erstmals auf, ...

_____

_____

_____

_____

_____

_____

_____

_____

3. Auswertung der formulierten Schuldgedanken und des Entstehungszeitpunktes

Wenn Sie einen Satz im Konjunktiv (hätte, sollen, müssen) aufgeschrieben haben, können Sie fast sicher sein, dass dieser Satz einen der im Kapitel 9 beschriebenen Denkfehler enthält. Sollte Ihnen zudem klar geworden sein, dass dieser Selbstvorwurf erst später entstanden ist, also nachdem das Trauma vergangen war, dann können Sie sehr wahrscheinlich sagen: „An meinem Denken stimmt etwas nicht!"

Fahren Sie dann mit dem Arbeitsblatt
„Veränderung von Schuldgedanken" fort.

Arbeitsblatt: Veränderung von Schuldgedanken

4. Veränderung der Schuldgedanken

Wenn Sie Schuldgedanken verändern möchten, dann müssen Sie die Bewertungen verändern, die zu ihnen führten. Hierzu ist es sinnvoll, sich das traumatische Ereignis in all seinen Einzelheiten noch einmal genauer anzuschauen. Ihre Aufgabe ist es, all die vernachlässigten Aspekte der Traumatisierung wieder wahrnehmen zu lernen, damit Sie eine ausgewogene Sicht Ihres Verhaltens, Denkens und Fühlens entwickeln können. Wenn Sie genauer hinsehen, ist es außerdem wichtig, Ihr heutiges Wissen *nicht* in die Betrachtung des Traumas mit einzubeziehen. Da dieses stark zu Ihrer verzerrten Wahrnehmung, sprich ungerechtfertigten Schuldgefühlen, geführt hat.

Der Schwerpunkt der Betrachtung des Traumas liegt auf zwei Fragen:
- Was war damals genau los?
- Was hat es mir damals schwer gemacht, mich anders zu verhalten?

Nehmen Sie beim Ausfüllen der Kästchen die Fragen auf dem Arbeitsblatt „Neubewertung der Schuldgedanken" zu Hilfe.
Achten Sie bei der Beantwortung der Fragen darauf, dass Sie sich *nur* auf das konzentrieren, was Sie *damals* wussten, dachten, fühlten und taten. Bewerten Sie sich nicht, sondern schauen Sie erst einmal nur genau hin. Schreiben Sie in die entsprechenden Kästchen, was Sie von damals noch erinnern. Schreiben Sie die *Tatsachen* auf und vermeiden Sie alle nachträglichen Gedanken.
Vermeiden Sie Formulierungen, die einen Konjunktiv enthalten (hätte, sollen, dürfen, müsste etc.).

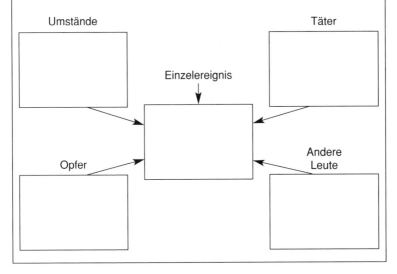

Arbeitsblatt: Neubewertung der Schuldgedanken

Achten Sie bei der Beantwortung der Fragen darauf, dass Sie sich *nur* auf das konzentrieren, was Sie *damals* wussten, dachten, fühlten und taten. Bewerten Sie sich nicht, sondern schauen Sie erst einmal nur genau hin.

Vorhersagbarkeitsfragen:

- Welche Anzeichen hatte ich dafür, dass es so schrecklich enden würde?
- „Ein dummes Gefühl ist kein guter Ratgeber". Angebliche Vorahnungen beruhen auch auf dem Rückschaufehler. Hier sind „harte Fakten" gefragt und nicht „die innere Stimme" oder ein „dummes Gefühl".
- Welchen roten Faden in der Abfolge der Ereignisse sehe ich heute, den ich damals unmöglich hätte sehen können?
- Was weiß ich heute, was ich damals unmöglich hätte wissen können?

Verantwortungsfragen:

- Wie ging es mir damals?
- Konnte ich noch klar denken?
- Wie alt war ich? Was kann man in diesem Alter wissen, was nicht?
- Wer oder was trägt denn zusätzlich noch Verantwortung für das, was damals geschehen ist?
- Welche Ziele hatte der Täter?
- Welche Umstände haben zu dem Trauma geführt, die ich nicht in der Hand hatte?
- Ist es klug, mir Vorwürfe zu machen, für etwas, das nicht in meiner Hand lag?
- Welche Vorerfahrungen haben es mir schwer gemacht, mich anders zu verhalten?

Rechtfertigunsfragen:

- Welche Gründe gab es damals für mich, mich so und nicht anders zu entscheiden?
- Gegen was habe ich mich damals entschieden? Welche erwarteten Konsequenzen habe ich damals gesehen, wenn ich diese Alternative gewählt hätte?
- Vergleichen Sie dann bitte die Wichtigkeit der Gründe für die getroffene Entscheidung mit der Wichtigkeit der Gründe für die Alternativen gegen die Sie sich entschieden haben:

- Welches war für mich damals die beste Entscheidung?
- Sieht es jetzt so aus, dass die Folgen der abgewählten Entscheidung für mich schlimmer waren als die Folgen der gewählten Entscheidung?

Wenn ja, dann überprüfen Sie jetzt noch einmal, ob noch ein Rückschaufehler am Werk ist.

Moralische Verfehlung:

Habe ich absichtlich Schaden verursacht oder in Kauf genommen?
Wer ist denn im strafrechtlichen Sinne schuld an dem, was passierte?
Wer hat welche Norm gebrochen?

5. Abschließende Neubewertung

Wenn Sie sich damit auseinandergesetzt haben, was damals los war und sich von Ihren Schuldgedanken verabschiedet haben, schreiben Sie bitte noch mal genau auf, wie Sie die Dinge jetzt sehen:

Meine Neubewertung:

_____

_____

_____

_____

_____

_____

Arbeitsblatt: Analyse von Schamgedanken

1. Genaue Formulierung der Schamgedanken

Versuchen Sie, so genau wie möglich zu beschreiben, was Ihnen durch den Kopf geht. Schreiben Sie ganze Sätze auf und lassen Sie sich Zeit:
- Weswegen schäme ich mich genau?
- Wie komme ich darauf, dass ich mich deswegen schämen sollte?
- Welche Regeln, Normen, Werte, Gesetze meine ich gebrochen zu haben?

Beispiele:
- „Ich müsste schon längst darüber hinweg sein."
- „Ich hätte nicht so hysterisch schreien sollen, als ich im Auto festklemmte."
- „Ich hätte keine sexuellen Reaktionen haben dürfen."
- „Ich schäme mich, dass der Missbrauch innerhalb meiner Familie passierte."
- „Ich fürchte, andere lehnen mich ab, wenn sie die Wahrheit erfahren."

Meine Antwort:
Ich schäme mich, dass ...

_____

_____

_____

_____

_____

2. Auswertung der formulierten Schamgedanken

Schamgefühle beruhen wie Schuldgefühle auf Denkfehlern. Diese Denkfehler können sich wiederum bereits in Formulierungen wie „Ich hätte ...", „Wenn ...", „Aber ..." zeigen und deuten wahrscheinlich darauf hin, dass Sie sich etwas vorwerfen, was nicht in Ihrer Macht stand. Hätten Sie es ändern können, hätten Sie es wahrscheinlich auch getan. Zudem kann es sein, dass Sie fälschlicherweise versuchen, die Verantwortung für das Verhalten anderer Menschen zu übernehmen. Auch dies steht nicht in Ihrer Macht.

3. Veränderung der Schamgedanken

Das Ziel der Veränderung der Schamgefühle besteht darin, eine ausgewogene Sicht Ihres Denkens, Verhaltens und Fühlens zu gewinnen. Wenn Sie Schamgedanken verändern möchten, dann müssen Sie die Bewertungen ändern, die zu Ihnen führten. Auch hierzu ist es sinnvoll, sich genau mit dem auseinanderzusetzen, was passiert ist. Im zweiten Schritt können Sie sich fragen, ob Ihr Fehlverhalten oder das einer anderen Person wirklich ein Zeichen Ihrer eigenen Minderwertigkeit ist, oder ob es andere Sichtweisen gibt.

4. Was war damals los?

Fragen Sie sich:
- Wie war es damals?
- Welche guten Gründe gab es damals für mein Verhalten oder meine Gefühle bzw. körperlichen Reaktionen, die ich mir heute vorwerfe?

Meine Antwort:

___

___

___

___

___

5. Was weiß ich heute?

Fragen Sie sich:
- Welche andere Person hat möglicherweise welche Normen gebrochen?
- Gibt es außer mir noch jemanden, der sich möglicherweise schämen könnte oder sollte?

Im Arbeitsblatt „Fragen, die Ihnen helfen können, Ihre Schamgedanken loszuwerden" finden Sie weitere Fragen, die Sie sich stellen können, um zu einer neuen Sichtweise zu gelangen.

Meine Antwort:

___

___

6. Abschließende Neubewertung

Wenn Sie sich damit auseinandergesetzt haben, was damals los war und Sie erkannt haben, dass die Schamgedanken nur eine von vielen Bewertungen Ihres Verhaltens, Denkens und Fühlens sind, dann können Sie jetzt fragen, ob Sie Ihre Grundsätze ändern wollen:

Fragen Sie sich:
Will ich an meinen alten Grundsätzen festhalten? Wenn ja, warum? Wenn nein, warum?

Dies könnte ein neuer Grundsatz sein:

Arbeitsblatt: Fragen, die Ihnen helfen können, Ihre Schamgedanken loszuwerden

Die folgenden Fragen können Ihnen helfen, Ihre Schamgedanken zu hinterfragen und zu verändern. Das Grundproblem bei Schamgefühlen und -gedanken besteht darin, dass Sie meinen, Belege dafür zu haben, ein minderwertiger oder schlechter Mensch zu sein. Der Weg aus der Scham kann über die Veränderung der Schamgedanken führen. Sie sollten lernen, Abstand zu Ihren Schamgedanken zu gewinnen und versuchen, ihnen die Schärfe zu nehmen.

Was wissen Sie heute: Welche der beteiligten Personen hat welche Normen gebrochen?

_____

_____

Gibt es neben Ihnen noch jemanden, der sich möglicherweise schämen könnte oder sollte?

_____

_____

Welche Motive hatten Sie *damals*?

_____

_____

Was spricht dafür, sich wegen etwas zu schämen, was Sie nicht freiwillig getan haben, was spricht dagegen?

_____

_____

Wie kommen Sie darauf, dass Sie wegen des Traumas ein *schlechter* Mensch sind? Gibt es Gegenbelege?

_____

_____

Was befürchten Sie, wird passieren, wenn andere davon erführen?

_____

_____

Arbeitsblatt: Sich zeigen lernen!

Dieses Arbeitsblatt dient der Veränderung Ihres Verhaltens, das Sie zeigen, wenn Sie sich schämen. Suchen Sie sich zunächst eine Situation aus in der Sie üben wollen. Dann überlegen Sie, welches Vermeidungsverhalten Sie verändern wollen:
- Welche *schambesetzten Situationen, Aktivitäten, Personen* möchten Sie aufsuchen?
- Welches *Vermeidungsverhalten* wollen Sie dann sein lassen?

_____

_____

_____

Protokollieren Sie das Ausmaß der Belastung am Anfang und am Ende der Übung, sowie den Maximalwert während der Übung:
0 = keine Belastung
10 = maximale Belastung

Denken Sie auch daran, Ihre *Aufmerksamkeit* weg von Ihren Gedanken und Gefühlen auf die Aufgabe zu lenken. Bleiben Sie in der Übung, bis Sie merken, die Belastung nimmt ab.

	1. Übung	2. Übung	3. Übung	4. Übung	5. Übung	6. Übung	7. Übung
Datum							
Belastung/Anfang (0 bis 10)							
Belastung/Ende (0 bis 10)							
Belastung/ Maximum (0 bis 10)							
Dauer der Übung in Minuten							
Aufmerksamkeit auf die Aufgabe gerichtet: Ja oder Nein							

Buchtipps

Nina Heinrichs

Ratgeber Panikstörung und Agoraphobie

Informationen für Betroffene und Angehörige

(Ratgeber zur Reihe »Fortschritte der Psychotherapie«, Band 14)
2007, 108 Seiten, € 12,95 / sFr. 20,90
ISBN 978-3-8017-1986-9

Hansjörg Znoj

Ratgeber Trauer

Informationen für Betroffene und Angehörige

(Ratgeber zur Reihe »Fortschritte der Psychotherapie«, Band 7)
2005, 62 Seiten, € 8,95 / sFr. 16,50
ISBN 978-3-8017-1780-3

Karin Elsesser · Gudrun Sartory

Ratgeber Medikamentenabhängigkeit

Informationen für Betroffene und Angehörige

(Ratgeber zur Reihe »Fortschritte der Psychotherapie«, Band 6)
2005, 73 Seiten, € 9,95 / sFr. 17,90
ISBN 978-3-8017-1767-4

Gaby Gschwend
Nach dem Trauma
Ein Handbuch für Betroffene und ihre Angehörigen

2006. 101 S., Kt € 14.95 / CHF 23.90
ISBN 978-3-456-84305-6

Dieser Ratgeber hilft Betroffenen, ihren Angehörigen und unterstützenden Personen, die möglichen Folgen traumatischer Erfahrungen besser zu verstehen und damit umzugehen.

Claudia Herbert / Ann Wetmore
Wenn Albträume wahr werden
Traumatische Ereignisse verarbeiten und überwinden

Aus dem Englischen übersetzt von Irmela Erckenbrecht.
2006. 203 S., Kt € 19.95 / CHF 34.90
ISBN 978-3-456-84218-9

Das vorliegende Buch zeigt, wie erlebte Traumatisierungen – und der daraus resultierende Stress – mithilfe der kognitiven Verhaltenstherapie erkannt, verstanden und überwunden werden können.

Harald Dreßing / Peter Gass
Stalking!
Verfolgung, Bedrohung, Belästigung

2005. 154 S., Abb., Tab., Kt € 17.95 / CHF 31.90
ISBN 978-3-456-84196-0

Verfolgung, Belästigung, Psychoterror können das Leben des Opfers stark beeinträchtigen. Erstmals werden die vielfältigen Facetten von Stalking dargestellt.

Erhältlich im Buchhandel oder über
www.verlag-hanshuber.com

HUBER